JN301422

リスク重視の企業評価法

突然襲ってくる存亡の危機にどこまで耐えられるか

井端 和男
Kazuo Ibata

税務経理協会

はしがき

　食品の賞味期限の書き換えや，原産地の虚偽表示などが発覚して信用が失墜し，顧客離れが起こった結果，生産活動の全面的休止に追い込まれたり，返品が相次ぐなどで膨大な損失を被る会社が続出した。また，環境破壊や不祥事などの事故により，世間の非難を浴びて営業の継続が困難になったり，環境破壊に対する損害賠償などで膨大な損失を被って経営危機に陥る企業の例も見られる。

　昔は，大会社ほど安全だという神話があった。大会社に入社すれば，停年までは何の心配もなく無事に勤め上げることができると考えられていた。事実，一昔前までは，上場会社の倒産は稀だったし，倒産した会社も，明らかな放漫経営によるか，経営の失敗によるものが大部分であった。

　しかし，変化のスピードが著しく速まった現在では，大会社といえども，時代の変化についていけずに落伍するケースが増えている。ただ，このような落伍のケースは，何年も業績不振の状態が続いた末に破綻に至るので，外部の利害関係者には，対応策を講じる時間的余裕が与えられるのが普通である。

　外部の利害関係者にとって問題なのは，冒頭で述べたような思いもかけない事件が起こって，短期間に巨額の損失を被るケースである。ただし，企業側では普段からリスクに備えて体力を養っているので，リスクが発現しても，破滅的な段階には至らず，やがては正常状態に戻る企業も多い。そこで，各企業について，最悪のリスクが発現したときに，どの程度までリスクに耐えうるかを推定して，企業としての安全性を評価することが重要になる。

　企業の安全性を評価する手段として，財務情報の分析による評価法がある。しかし，財務情報はあくまでも過去に関する情報であり，財務情報による安全性の評価は，過去における安全性を示すのに過ぎない。重要なのは，将来の安全性の予想であり，そのためには，リスクの大きさも予測して，リスクが発現した時にも安全性を維持できるかどうかにも留意する必要がある。

本当のリスクは元来予測ができないものであり，企業の全資産が失われるような壊滅的な損失をもたらすリスクも起こりうる。リスクの大きさに限度を設けることもできないのだが，外部の利害関係者は，リスクの発現により，企業の全資産が失われることまでは想定する必要がないことが多い。企業は（特に上場会社では），債務超過になるか，債務超過が避けられない状態になって，しかも回復の見込みが立たない場合には，その時点で倒産するのが普通であり，その時点以降についての探索は無意味になることが多いからである。リスクによる損失予想にも上限を設定するのが現実的である。

　本書では，成長企業とその他の2つのグループに分けて，リスクの態様やその測定法を検討している。

　成長企業については，成長を維持するための先行投資に焦点を絞ってリスクの大きさなどを推定し，各企業のリスク抵抗力と対比して安全性を評価するモデルを考案した。

　その他の企業については，リスクの種類などを特定することは困難なので，リスクの対象を特定の資産に限定し，リスク発現により対象資産帳簿価額の4割が損失となると仮定して，この金額を損失の上限額とする。そして，各種の実例にこのモデルを適用して，モデルの実用性の実証を行った。

　実例による実証では，本書での評価モデルは大きな矛盾がなくそれぞれのケースの説明ができるのだが，いずれのモデルも仮説をもとに構築されている。

　今後も，実例による実証研究を積み重ねて修正や補強を行うことにより，モデルの信頼性を高める努力を続けて行きたい。読者の皆様からもご意見やご助言が戴ければ幸甚である。

　本書の出版に当たっては，税務経理協会の峯村英治部長から一方ならぬご支援を戴いた。紙面をお借りして謝辞を申し上げたい。

　　平成22年7月吉日

井端　和男

目　次

はしがき

第1部
基本原則

第1章　問題提起 ……………………………………………… 3
　　1　トヨタの業績について …………………………………… 3
　　2　フリーCFの赤字が長期間続く ………………………… 5
　　3　先行投資のリスクについて ……………………………… 6
第2章　リスク重視の財務分析法 …………………………… 9
　　1　序　　説 …………………………………………………… 9
　　2　リスクに対する抵抗力の評価 ……………………………11
第3章　財務情報による企業の総合評価 ……………………17
　　1　5要素による総合評価 ……………………………………17
　　2　5要素による評価各論 ……………………………………18
　　3　評価の有効期間 ……………………………………………25
第4章　リスクの評価について ………………………………29
　　1　将来の収益性予測について ………………………………29
　　2　リスクの予想と評価について ……………………………29
　　3　本書でのキャッシュ・フローの取扱い …………………31

第2部

成長企業のリスク分析

はじめに ··· 39

第1章　リスク評価についての試案 ··· 41
　1　リスクの対象額の予測 ··· 41
　2　キャッシュ・フローによるリスク測定 ··································· 42
　3　キャッシュ・フローか残高増減額か ····································· 46

第2章　株式会社ヤマダ電機による実験 ····································· 49
　1　ヤマダ電機について ··· 49
　2　ヤマダ電機の財務情報による総合評価 ··································· 51
　3　ヤマダ電機の例によるリスク評価モデルの有効性の検証 ··········· 53

第3章　粉飾企業での実験 ··· 57
　ケース1　フタバ産業株式会社 ··· 57
　　1　フタバ産業について　2　フタバ産業の財務情報による総合評価　3　キャッシュ・フローによる先行投資リスクのチェック　4　結　論

　ケース2　株式会社アリサカ ··· 67
　　1　アリサカについて　2　アリサカの財務情報による総合評価　3　キャッシュ・フローによるリスク度のチェック　4　リスク要因としての借入金について　5　その他の尺度

第4章　ケーススタディ ··· 77
　ケース1　株式会社ファーストリテイリング ································· 77
　　1　ファーストリテイリングについて　2　財務情報による総合評価　3　キャッシュ・フローによるリスク評価

目 次

　　　4　総　　括
　　ケース2　トヨタ自動車株式会社……………………………88
　　　1　トヨタ自動車について　　2　財務情報による総合評価
　　　3　キャッシュ・フローによるリスクの推定
　　ケース3　ヤフー株式会社…………………………………93
　　　1　ヤフー株式会社について　　2　総合評価　　3　キャッシュ・フローによるリスクの推定
　　ケース4　株式会社アイロムHD……………………………99
　　　1　はじめに　　2　アイロムホールディングスについて
　　　3　アイロムの財務情報による総合評価
第5章　成長企業におけるその他のリスク……………………109
　　1　成長企業についてのその他のリスク………………………109
　　2　売上高水増しの粉飾…………………………………………109
　　3　貸倒れやクレームなどの事故が頻発するリスク…………113
　　4　売上高の増加に純資産の増加が追いつかないリスク……113
　　5　純資産の中身にも注意を……………………………………116
　　6　自己資本比率が高くても内部留保の少ない企業には注意を……119
　　7　結　　論……………………………………………………120
まとめ……………………………………………………………………123

第3部

通常企業のリスク分析

はじめに……………………………………………………………………129
第1章　リスク評価の一般モデルについて……………………………131

3

第2章　有価証券報告書に記載されたリスク……………………135
○ヤマダ電機／○ファーストリテイリング／○トヨタ自動車／○フタバ産業／○オリエンタル白石／○アリサカ／○雪印メグミルク株式会社(旧雪印乳業株式会社)／○新日本石油株式会社，石油資源開発株式会社／○総括

第3章　ケーススタディ……………………………………………153

ケース1　オリエンタル白石株式会社……………………………153
1　はじめに　2　オリエンタル建設について　3　白石について　4　合併後の業績等　5　結論　6　追記

ケース2　トスコ株式会社ほか……………………………………169
1　トスコ株式会社　2　神戸生絲，南海毛糸紡績のケース　3　三平建設株式会社のケース　4　チェックポイントの紹介

ケース3　株式会社プロパスト……………………………………177
1　はじめに　2　バブル汚染企業の特徴　3　バブル崩壊はリスク発現ではない　4　バブル汚染企業の判定法　5　バブル汚染企業と財務情報による総合評価　6　プロパストのリスク予測について　7　一般会社への応用

ケース4　雪印乳業株式会社………………………………………191
1　はじめに　2　雪印乳業について　3　リスク対象資産とリスク累計額の推定

ケース5　株式会社不二家…………………………………………194
1　はじめに　2　不二家の不祥事件とその後遺症について　3　まとめ

ケース6　株式会社日本航空………………………………………197
1　はじめに　2　日本航空について　3　日本航空の業績　4　日本航空は黒字倒産か　5　まとめ

目　次

ケース7　そ の 他 ……………………………………………211
 1　インターネット総合研究所　2　ケンウッド・ホールディングス　3　その他

ま と め ……………………………………………………………217
 1　資産残高とリスクの上限………………………………217
 2　リスクと放漫経営などとの違い………………………219

第4部

総　　括

第1章　リスクに対する引当てとしての純資産………………223
 1　30/10の法則………………………………………………223
 2　粉飾の態様の変化………………………………………225
 3　リスク予想法の妥当性…………………………………227

第2章　未上場会社も含めた総まとめ…………………………229
 1　事業の多角化によるリスクの局地化…………………229
 2　粉飾について……………………………………………232
 3　内部統制とリスク管理…………………………………232

索　　引 ……………………………………………………………235

第1部

基本原則

　経営にはリスクが付き物である。リスクから逃げてばかりいると，競争に負けてジリ貧状態になる。常にリスクに挑戦する態度が必要であり，そのためには時にはリスクにより損害を受ける。問題は，リスクによる損害を最小限に抑えることであり，最悪でも，自己資本比率の範囲内に収めることである。それには日ごろのリスク管理が重要になる。

　自社の実力を認識し，実力の範囲内でリスクに挑戦することが肝心である。

　企業の評価においては，財務情報による経営の現状を把握するとともに，企業ごとのリスクの大きさをも評価して，企業ごとのリスクに対する抵抗力とのバランスにより，リスク管理状況を評価することが大切である。

第1章

問題提起
－トヨタ自動車における先行投資のリスク－

1　トヨタの業績について

　表1は，トヨタ自動車株式会社の平成14年3月期から，平成22年3月期までの，財務の主要数値の推移表である。

　トヨタ自動車では平成16年3月期に，連結財務諸表等の様式や作成方法を，これまでの日本基準から米国基準に変更しており，表1はすべて米国基準によるものである。

　表1の金融債権は，固定資産として取り扱っている長期金融債権残高に，流動資産に含まれている金融債権残高を合計した金額である。他方，表1の流動資産には短期金融債権が含まれているので，全体としてこの金額だけ重複している。

　トヨタ自動車の総資産回転期間は，売上高が大幅に低下した平成22年3月期を除くと，平成21年3月期で16.99か月であり，製造業者としては長すぎるが，これは，トヨタ自動車では，グループ内に，販売を支援するための金融業ならびに自動車及び機器のリース事業を行う金融会社があって，連結ベースの資産には，金融債権を含んでいるからである。金融債権を除外すると，平成21年3月期の総資産回転期間は11.41か月であり，正常である。

　表1によると，トヨタ自動車では，平成20年3月期までは，業績が順調で，

第1部　基本原則

表1　トヨタ自動車株式会社主要財務数値推移表

（単位：10億円）

	16／3	17／3	18／3	19／3	20／3	21／3	22／3
売　上　高	17,295	18,552	21,037	23,948	26,289	20,530	18,951
前年度比増減倍数	1.077	1.073	1.0134	1.014	1.098	0.781	0.923
営　業　利　益	1,667	1,672	1,878	2,239	2,270	−461	148
当期純利益	1,162	1,171	1,372	1,644	1,718	−437	209
総資産純利益率(%)	5.27	4.81	4.78	5.05	5.29	−1.50	0.69
流　動　資　産	8,848	9,440	10,735	11,880	12,086	11,299	13,074
同上回転期間(月)	6.14	6.11	6.12	5.95	5.52	6.60	8.28
金　融　債　権	5,852	6,987	8,327	10,003	10,276	9,547	9,840
同上回転期間(月)	4.06	4.52	4.75	5.01	4.69	5.58	6.23
投　資　そ　の　他	4,608	5,122	6,100	7,035	6,586	4,706	4,934
同上回転期間(月)	3.20	3.31	3.48	3.53	3.01	2.75	3.12
有形固定資産	5,355	5,796	7,067	7,764	7,812	7,402	6,711
同上回転期間(月)	3.72	3.75	4.03	3.89	3.57	4.33	4.25
資　産　合　計	22,040	24,335	28,732	32,575	32,458	29,062	30,349
同上回転期間(月)	15.29	15.74	16.39	16.32	14.82	16.99	19.22
純　資　産	8,179	9,045	10,560	11,836	11,870	10,601	10,930
自己資本比率(%)	37.11	37.17	36.75	36.33	36.57	36.48	36.01
営　業　Ｃ　Ｆ	2,283	2,371	2,515	3,238	2,982	1,477	2,559
投　資　Ｃ　Ｆ	−2,313	−3,061	−3,376	−3,814	−3,875	−1,230	−2,850

　平成16年3月期から平成20年3月期までは増収・増益が続いていたし，平成16年3月期以降5年間継続して，米国基準で1兆円を超える当期純利益を計上し，平成20年3月期には，当期純利益が1兆7,180億円に達していた。表1では，平成16年3月期以降の数値しか記載していないが，それ以前の期間でも，長期間にわたって同様の成長が続いていた。

　それが，平成21年3月期には，売上高は前年度比22％減の20兆5,300億円になり，米国基準の当期純損益は，一転して，4,370億円のマイナスになった。平成21年3月期の決算発表と同時に発表された平成22年3月期の業績予想では，売上高は，平成21年3月期には前年度比20％減の16兆5,000億円になり，米国基準の当期純損益は8,500億円の赤字に拡大するとのことであった。

　ところが，平成22年3月期は，各国での景気刺激策が奏効して，自動車の売

上が意外に伸び，特に，中国などの新興国での需要が旺盛だったので，売上が伸びて，赤字の予算が，実際には2,095億円の黒字になった。

■2 フリーＣＦの赤字が長期間続く

　トヨタ自動車では，平成16年３月期以降では，平成20年３月期までは，毎年度，投資活動によるキャッシュ・フロー（以下，投資ＣＦと書く）のマイナスが，営業活動によるキャッシュ・フロー（以下，営業ＣＦと書く）のプラスを超えていて，営業ＣＦ＋投資ＣＦをフリー・キャッシュ・フロー（以下，フリーＣＦと書く）と定義すると，長年，フリーＣＦでのマイナスが続いている。
　つまり，営業活動による収入以上の資金を設備などの先行投資に投下し続けてきたことを意味し，固定資産などは増加を続けている。平成15年３月期以前でも同様の傾向が続いていた。
　固定資産の増加が続いているのに，固定資産回転期間はむしろ低下傾向を続けており，平成20年３月期までは，先行投資は計画通りに稼動して，売上増に繋がっていることが推察できる。
　しかし，先行投資は，その効果が発現するには，投資後何年間かの期間を要するものと考えられるので，直近数年間の先行投資の効果は，今後の業績推移を見ないと評価ができないと考えられる。
　将来，成長が止まれば，先行投資の多くが過剰投資になり，回転期間が上昇することになるし，過剰資産の廃棄や，減損処理などのために，膨大な損失を計上せざるをえない事態になる可能性がある。
　停滞経済の時代においては，いつまでも成長を続けることは不可能であり，成長が止まり，先行投資が過剰資産になる危険性を常にはらんでいる。成長が止まる時期を正確に予想して，タイミングよく先行投資を中止することが肝心だが，問題は，成長が止まる時期を正確に予想することが困難な点にある。まだ大丈夫として先行投資を続けている内に，突然，成長が止まって，停滞時代に入ることが起こる。

第1部　基本原則

3　先行投資のリスクについて

　トヨタ自動車でも，平成21年3月期には，売上高は減少に転じ，平成22年3月期も減収が続いている。他方，投資ＣＦは平成20年3月期までは高水準のマイナス（支出超過）が続いていて，このまま成長が止まれば，直近数年間の先行投資が過剰投資になり，設備などの一部またはすべてを廃棄したり，減損処理をすることが必要になる可能性がある。

　平成21年5月に，当時のトヨタ自動車の社長の渡辺昭氏は「足元を固めながら成長していくと言い続けていたつもりだが，十分でなかった。率直に反省している」（平成21年5月9日付朝日新聞"トヨタ拡大路線響く"による）と述べていて，先行投資にブレーキをかける時期を見誤ったことを認めている。

　成長がいつ止まるかは，主に，経済情勢などの外的要因によるところが大なので，内部の経営者などにも予測が困難なのだが，ましてや外部の利害関係者には，成長が止まる時期の予想は一層困難である。

　先行投資を長年続けている企業について，将来，成長が止まって，先行投資が過剰投資になる事態を予想しておく必要があるが，いつ，その時期がくるのかが不明なのが問題なのである。3年先かもしれないし，来年度にやってくるかもしれない。

　いつかは必ずやってくるが，いつやってくるか，あるいは，どのような形でやってくるのかがわからない経営上の危機については，今すぐにでもやってくることを想定し，その場合に受ける損失などのリスクを予想しておくことが必要である。

　企業には，先行投資のリスクの他にも，多種多様のリスクが存在するが，激動の時代の現在においては，リスクを事前に予想するのでないと，本当の企業評価はできない。

　リスクを事前に完全に予想することはできないまでも，どの程度のリスクが襲ってくる可能性があるか，どの程度のリスクには耐えうるか，などについて

の，ある程度の評価をしておくことが必要である。

　本書は，主に財務に関する財務情報による企業評価を取り扱うものだが，企業が抱えるリスクを予想して，リスクを考慮にいれたリスク重視の企業評価に重点をおくことにしている。

第2章
リスク重視の財務分析法

1 序　説

(1) 4段階によるリスク評価

　本書では，リスク重視の財務分析を，次の4段階に分けて，段階的に進めることにする。

　まず，公開されている財務情報に基づき，通常の財務分析法に従い，企業の財務安全性についての総合評価を行う（第1段階，以下，総合評価という）。

　次に，業種や企業ごとに，発現する可能性の高いリスクの種類や大きさなどを予想する（第2段階）。そして，リスクが発現して，損失を蒙った場合に，企業にはどの程度の抵抗力があるかを分析する（第3段階）。

　最後に，起こりうる可能性の高いリスクの大きさと，各企業の抵抗力を比べて，リスクに対する安全度を推定する（第4段階）。

(2) リスクの大きさの予測

　4段階の分析のなかでは，第2段階のリスクの予測が最大の難事である。第1段階の評価には，通常の財務分析の手法を摘用すればよいし，第3，4段階も通常の分析法の応用で用が足りるのが普通だが，第2段階の，どのようなリスクが存在して，どの程度の規模の損失をもたらすかの予測は極めて困難であ

る。

　リスクには，ある程度は予想のつくものから，想像もつかない未知のリスクまであり，元来，確率などでは予測ができないものが多い。リスクをもれなく拾い上げると，対象が際限なく広がって，通常の企業なら，到底耐え切れない巨大なリスクになる。

　どのような企業にでも，企業の全財産が吹き飛ぶような巨大な損失に襲われるリスクが存在する。このようなリスクは，確率が低くても，起こりうる可能性がある限り，無視することはできない。

　しかし，現実の問題として，リスクのために生じる可能性のある損失のすべてを拾い上げるのは無意味である。リスクの発現により，損失が発生するとはいっても，無限に損失が続くわけではない。通常の企業（特に上場企業）では，損失の発生により債務超過に陥った段階か，その直前に，民事再生法の適用を申請するなどして倒産することが多いので，それ以後の探索は無意味になる。そこで，リスクの種類や個々のリスクの規模などよりも，リスクの発現により債務超過になる確率を調べるのが大切になる。

　また，リスクはまず，資産の減損などになって実現することが多いので，最大規模のリスクにより，資産についてどの程度の損害が発生するかを予想する。リストラにおける特別退職金の支払いなどのように，資産とは無関係に損失が発生することもあるが，このようなリスクは予測が困難だし，費用は最終的には資産の減少につながるのが普通なので，すべて資産の廃棄や減価などにより生じるものとして取り扱う。

　リスクの発現により損失を被る可能性のある資産（リスク対象資産）を特定し，最大級のリスクの発現により，リスク対象資産の帳簿価額のどの程度が失われるかを予測し，リスク対象額とする。

　リスクは，成長過程にある企業と，停滞状態に陥っている企業とでは，その態様の違うことが予想されるので，具体的な評価法は，第2部と第3部でそれぞれに検討することにする。

②　リスクに対する抵抗力の評価

(1) リスクに対する抵抗力の分類

リスクに対する抵抗力として考えられるものには
① 損失に対するもの：純資産，含み益など
② 資金不足に対するもの：手許現金・預金，市場性のある有価証券，不動産などの担保余力

などが考えられる。ただし，リスクとしては上記のほかにも，人手不足で必要な人員が集まらないリスク，自然災害に遭遇するリスク，戦争やテロなどに巻き込まれるリスクやその他，環境や需要の変化，技術の変化や地政学上の変化など，さまざまなものが考えられるが，①，②以外のものは，外部の分析者には，情報の不足により，計測や推定が困難と思われるので，ここでは，①及び②のみについて検討する。

(2) 損失に対するもの

経営破綻の典型的な形として倒産をあげると，倒産は通常は，損失の期間が続くことによって純資産を食い潰し，債務超過の状態になるか，債務超過が避けられない状態になって起こる現象である。

リスクは発現すると最終的には損失に繋がる。

リスクの発現により損失が生じた場合，損失に対する引当ては純資産であり，次の算式で計算される自己資本比率か純資産回転期間が重要である。

　　自己資本比率＝(純資産÷総資産)×100％

　　純資産回転期間＝(純資産÷売上高)×12か月

総資産とは，貸借対照表の資産合計をいうが，負債及び純資産合計でも同じである。

自己資本比率は，新しい会社法が施行されてからは，会社法の用語に従い，純資産比率に変更するべきかもしれないが，自己資本比率の用語が定着してい

るので，本書では，自己資本比率の名称を使用する。

　従来の自己資本と会社法による純資産とでは，内容が必ずしも同一ではないが，ここでは，自己資本は会社法による純資産の同義語として取り扱う。

　自己資本比率と，純資産回転期間とでは，特殊なケースを除いて，どちらによっても効果には大差がないが，本書では，主として，自己資本比率を利用することにする。

　この比率や回転期間が十分に高い場合には，不況による赤字が続いても，思いがけない事故などで多額の損失が発生しても，債務超過にはならないで済ませられる。

　例えば，自己資本比率が40％あると，毎年，総資産の20％が失われるような大規模な純損失が続いても，債務超過になるには2年以上かかることになる。

　トヨタ自動車の例では，平成21年3月期以降の業績によると，年間，1兆円程度の純損失の続くことも想定する必要があるが，仮に，1兆円の純損失が3年間続いたとしても，純資産が3分の1程度減るだけであり，致命的な打撃にはならない。

　また，一度に総資産の30％が失われるような損失が発生した場合でも，純資産が減少するものの債務超過にはならない。特別な事情がない限り，総資産の30％もの期間損失が発生することは，滅多にないと考えられるし，資産について一挙に総資産の30％分もの損失が発生するリスクはそれ程多くはないと考えられる。

　損失の発生により純資産は減少するが，その内に業績が回復して，プラスに転じて，再び純資産が増加に転じるのが普通である。

　純資産は，現に，貸借対照表に計上されている金額だけとは限らない。不動産の時価が上昇していて，売却すれば膨大な利益の出ることが予想される資産を持っているなど，いわゆる含み益は純資産のプラス要因になる。

　含み益は，外部の分析者にはすべてを把握するのは困難だし，本当に含み益であり，必要なときに売却するなどして，損失の補填に充てるなどができるとは限らないので，確信の持てる場合以外は評価に加えない方がよい。

反対に，含み損があって，純資産にとってマイナスの要因になるものもある。その中で特に重要なものに粉飾によるものがある。

粉飾があると，資産が膨らむか，債務が減少するかどちらかである。資産が膨らむ場合は，資産の回転期間が上昇することが多いので，売上債権や棚卸資産など，粉飾に利用されやすい資産の回転期間に注意し，これら資産や総資産の回転期間の分析によって発見できることが多い。

含み損が生じた場合には，資産の膨張を伴うことが多いので，資産の回転期間の分析で捕捉できることが多い。含み損は，通常は粉飾によって生じるのだが，会計制度や会計慣行の不備を利用して，合法的に含み損を隠すことも可能である。

後述の，基礎資金回転期間によっても，粉飾の発見ができることがある（20頁参照のこと）。

(3) 資金繰りに対するもの

最近，黒字倒産が増えている。ここで黒字倒産とは，純資産が残っていて，債務超過になっていない状態で倒産することをいう。

黒字倒産の主なものは，金融機関の引き締めにより，融資が受けられなくなって起こる。この場合には，リスクは融資が受けられなくなることであり，これに対する抵抗力は，金融機関からの融資以外の資金調達力の有無である。

手許に多額の現金や銀行預金を保有していると，金融機関からの融資を受けられなくても，手許の現金や預金で，当座の資金繰りに充当できる。上場株式なども資金化して当座の資金繰りに役立てることができる。

売掛金や受取手形も，ファクタリングや手形割引などで資金化することができる。しかし，この手段は，資金の先食いに過ぎないので，一時しのぎの応急対策に過ぎないことが多く，先食いの結果，後の資金繰りに困ることになることが多い。

製商品の在庫も，余分に在庫を保有している場合には，販売して資金化することもできる。原材料在庫なども，売却が可能なものは，資金繰りに役立てる

ことができる。ただし、これら棚卸資産は、売却可能な量には限度があるし、必要量を割り込んでまで売却すると、その後の事業運営に支障をきたすことになる。それに、資金繰りのために、時期を選ばずに大量の在庫を処分すると、売却損がでて、多額の損失が発生する恐れもあるし、タイミングよく売却して資金化することができないこともある。

　以上を総合して、資金繰りに対する抵抗力としては、現金・預金をあげることができるし、これに、市場性のある有価証券を加えることができる。場合によっては、棚卸資産や売上債権なども加えることができるだろう。ただ、現金・預金残高は、年度末の資金ポジションにより、年度ごとに大きく変動することが多く、その年度では、たまたま、年度末に大口の入金があって、残高が大きく膨らんでいるが、翌年度初には通常の水準にもどることがあるので、注意が必要である。

　常時多額の現金・預金などを手許に保有する方針の企業でも、将来、資金繰りが逼迫したようなときには、既に、使い果たしていて、資金繰りの対策にはならないことも起こる。

　手許にある資金が潤沢だとはいっても、当座の資金繰りには効果があっても、予想もつかない大規模なリスクに対しても、十分な備蓄を保有している企業など滅多にないし、そのような企業は、他の指標がすべて優良で、当面は、資金繰りのリスクなど考える必要のない企業に多い。

　また、現金・預金が多い企業については、粉飾により水増しをしていることも疑う必要がある。特に、借入金が多くて資金繰りが苦しいと思われるのに、借入金の大部分を、現金・預金として手持ちしているのは不自然であり、粉飾による水増しであることが多い。

　不動産に担保余力が残っている場合も、金融機関に担保を提供して、資金調達できる可能性があるので、資金不足に対する抵抗力になる可能性がある。

(4) その他

　その他のリスクに対する抵抗力については、外部の分析者には、どのような

リスクがあるかが分からないことが多いし，抵抗力測定のための知識や情報も持っていないことが多いので，ここでは，取り扱わない。

　ただ，リスクは通常，特定の事業や，事業所について起こることが多いので，1つの事業や，事業所に事業を集約させているのでなく，多角的に，場所も分散させて運営していれば，損失を局地的に食い止められて，致命的な損失にはならないことが多い。

　このため，事業の多角化や分散化などがリスクに対する抵抗力になるし，原材料仕入先の多角化なども，原材料の入手が困難になって，操業ができなくなるリスクの回避に役立つ。

　結局，リスクに対する抵抗力としての財務安全性を取り上げる場合，自己資本比率による評価が中心になり，借入金依存度や手許流動性などの指標による資金繰りにおける抵抗力の調査を行うのが，現実的と思われる。この手続きは，次章で詳述する財務情報による第1段階の総合評価においても実施されるので，第1段階の総合評価の結果がそのままリスク抵抗力として利用できる。

第3章

財務情報による企業の総合評価

1　5要素による総合評価

　本書では，第1段階として，財務情報による通常の分析方法により，企業の総合評価を行い，次に第2段階以下でリスクの評価を行う。最後に，第1段階の財務情報による総合評価と第2段階以下のリスクの評価を総合して，リスクを加味した企業の安全性の評価を行う。

　まず，第1段階では，企業の財務諸表の情報により，企業の総合評価を行うのだが，次の5つの要素により総合評価をする。

① 財務安全性：財務や資金繰りの基盤が堅固か
② 収益性：投資に見合った十分な利益がえられているか
③ 成長性：業績が上昇・安定・低下基調のいずれの段階にあるか
④ 効率性：資産や負債などが効率的に運用されているか。粉飾により水増ししされていないか
⑤ 規　模：リスクに対抗できるだけの規模になっているか
⑥ 総合評価

　企業評価には，①の財務安全性が特に重要な役割を果たすので，財務安全性の指標により，まず，企業の安全性を評価し，②以下は，専ら①の評価を修正したり，補強する材料に利用する。

第1部　基本原則

しかし、上記の財務情報による安全性評価は、過去、または現在についての評価であり、企業が将来においても、現在の安全性を維持しているなど、将来についての情報を提供するものとは限らない。企業経営に内在するリスクの大きさもわからない。

企業の評価は、現状よりも、将来どうなっているかの予想に基づく評価の方が重要である。ただ、将来の収益性の予想は困難なので、本書では、企業が抱えるリスクを予想し、リスクを考慮に入れた企業評価の方法を検討したい。

そこで、財務情報による企業の総合評価法のほかに、将来の予想とリスク測定の方法を考え、現在の安全性評価と合わせて最終的な企業評価を行うことにする。

2　5要素による評価各論

財務情報による総合評価のため、上記の5要素のそれぞれについて具体的な評価法を検討する。

(1) 財務安全性
① 自己資本比率

財務安全性の基礎となる指標として、前章で、リスクに対する抵抗力を測定する尺度として取り上げた自己資本比率か純資産回転期間が効果的である。

外部の利害関係者にとって、純資産は与信などの拠り所であり、純資産の大小で安全性の評価をすることができる。

前章でも述べたように、この比率や回転期間が十分に高い場合には、不況による赤字が続いても、一挙に企業の資産の大部分が失われるような異常な事態でも発生しない限り、企業の当面の（少なくとも2～3年程度の期間の）安全性は保証される。

ここでは、自己資本比率により、次の評価基準を設定する。

自己資本比率	評　価
50％以上	極めて健全
40％以上～50％未満	健全
30％以上～40％未満	やや健全
20％以上～30％未満	やや脆弱
10％以上～20％未満	脆弱
10％未満（債務超過を含む）	危険状態

　自己資本比率は高ければ高いほど，安全性が高いのだが，それ程長期の安全性を考えないのなら，50％以上もあれば，当面の安全性にはほとんど不安がないと考えられる。それに，自己資本比率が高いと，負債のレバレッジ効果を受けるのが制限されるし，配当などで，資本コストが高くなる可能性もあって，むしろマイナスの評価をすべき場合もある。

　50％以上を一まとめにして，それ以上を同列で評価することにしたのは，このような理由による。

②　資金繰り

　資金繰り破綻は倒産の主要な原因になっており，財務安全性には重要な要素になる。

　企業の安全性にとって，資金繰りは，現状よりも将来の資金繰り予想が重要になる。企業が生存を続けていることは，これまでは資金繰りができてきたことを意味する。企業にとって重要なのは，将来においても資金繰りができるかどうかである。外部の利害関係者などには，将来の資金繰りを予想するための具体的な方法がないのが欠点である。

　資金繰り表やＣＦ計算書は過去の資金繰りの結果を示すが，将来の予測に役立つとは限らない。

　流動比率が資金繰りにおける体質を見るのに効果的といわれているが，わが国では，この比率はあまり重要視されていない。

　流動比率は，当面の資金繰りを左右するのは，短期間内に支払期限が到来する流動負債と，流動負債の支払財源になる流動資産であるとし，流動負債と比べてその支払財源である流動資産が多いほど資金繰りの安全性が高いとするも

のである。

　流動比率は次の算式により計算され，高いほどよいとされる。

　　流動比率＝(流動資産÷流動負債)×100％

ところが，わが国では，短期借入金で調達しても，期日ごとに借り換えをすることによって，長期借入金と同様の効果が得られるものがあるので，金利が低いことが多い短期借入金が多くなる傾向があり，短期借入金が多くて，流動比率が低い場合でも，資金繰りの安全性が高い会社が多い。

　また，流動資産が多いほど流動比率が高くなるのだが，流動資産の保有にはリスクを伴うので，効率性から見ると反対の評価がされることになる。

　資金繰りの良否を測定する尺度としても，自己資本比率が役に立つ。自己資本比率が高いほど，負債が少なく，資金繰りが安定する。

　支払期日がはっきり決まっている借入金が多いか少ないかで資金繰りの体質を見ることができるので，下記の算式による借入金依存度[1]または，借入金回転期間も資金繰りの安全性の測定に役立つ。この比率は，基礎資金構成比とともに，粉飾の探索にも役立つので重要視されるので，本節末尾の注記において詳しく解説する[2]。

　　借入金依存度＝(借入金合計額÷総資産)×100％
　　借入金回転期間＝(借入金合計額÷売上高)×12か月

次の算式で計算される固定比率も，固定資産との関係での財務安全性測定の尺度になる。

　　固定比率＝(固定資産÷純資産)×100％

　この比率が100％以下であれば，固定資産残高は純資産の範囲に収まっており，固定資産が全額減損になった場合でも，債務超過にはならない。また，この比率が100％以下の場合には，固定性の高い固定資産の取得資金は，返済の必要のない純資産により調達していると見られ，資金繰り上も安全性が高いとされる。

(2) 収　益　性

現在いかに自己資本比率が高くて，財務安全性が勝れていても，損益での赤字が続くと，自己資本を食い潰して，財政状態も劣化する。

どの利益を採用するかが問題だが，今後は包括利益が採用され，当期純損益が損益の中心になることが予想されるので，ここでは，当期純利益を採用することにし，資金運用との関連を見るため，総資産当期純利益率によることにした。

(3) 成　長　性

(2)で測定される収益性は過去のものだが，重要なのは将来の収益性である。現在儲かっていても，将来も儲かるとの保証はなく，赤字が続いて自己資本を食い潰す恐れもある。

収益性の評価には，将来の収益性を予想することが必要なのだが，現状では，将来の収益性などを予想するための具体的な情報の入手は困難であり，これまでの趨勢から将来を予想するしかない。

現在，成長過程にある場合には，少なくとも近い将来においても成長性を維持できて，現状程度の収益性を維持できることが予想できる。現在の成長性の傾向は，ある程度までは，将来の予測に役立つと考えられ，成長性の評価は重要な意味を持つ。反対に売上高の減少が続いていて，回復の見込みがない場合には，規模縮小などの構造改善が必要になり，そのため損失が発生する可能性がある。その確度が高い場合には，自己資本比率を引き下げる要素として(1)財務安全性の評価を修正することが必要になる。

本書では，成長性の尺度には，主に，売上高を用いるが，これは後述の通り，固定資産のリスク評価に，売上高増減の趨勢が重要な意味を持つと考えられるからである。

(4) 効　率　性

効率性には，まず，資産の効率性を上げることができる。

第1部 基本原則

　資産等効率性は含み損や粉飾の存在の可能性を示す指標でもある。資産の効率性が悪いのは，資産の働きが十分でないことを示す。遊休資産や粉飾による水増し資産が含まれていると，資産全体として，資産効率性が低下する。

　効率の低い資産は，現時点では含み損を抱えていなくても，将来，含み損資産に転じる危険性が高い。

　この種の効率性の測定には，回転期間が有効である。売上債権，棚卸資産，有形固定資産など個々の資産についての回転期間により効率性を測定することも大切だが，資産全体としての効率性を見るためには，総資産回転期間が用いられる。また，売上債権，棚卸資産，仕入債務の3要素の総合残高や回転期間も効率性の測定に効果的である[3]。

　次に，資産や純資産が効率よく利益を上げているかどうかを見ることも，効率性の測定には必要である。

　(2)の収益性測定の尺度として総資産当期純利益を採用したのは，収益性と同時に資産効率性の測定にも役立つからである。さらに，純資産の効率性を見るためには，純資産当期純利益率が効果的である。

　なお，本書では，資産や負債の効率性などを測定する指標として，次の算式による回転期間を利用することが多い。

　　○○回転期間(月)＝(○○÷売上高)×12か月

　上式の○○には，回転期間を計算する対象の項目，例えば，売上債権，棚卸資産などをあてる。

　回転期間は，売上高との相関関係が高い売上債権などに特に効果的で，粉飾により，売上債権や棚卸資産が水増しされた場合には，回転期間が上昇することが多いし，年度ごとに粉飾を繰り返すたびに回転期間が上昇を続けるので，回転期間の推移を分析することにより，粉飾が発見できる可能性が高い。

　固定資産などは，直接的には売上高との比例関係は低いが，設備投資などを増やすと，やがては，売上増に結びつくのが普通なので，何年かのタイムラグの後に一定の回転期間に落ち着くことが多い。

　また，趨勢としてみると，固定資産や総資産などにも，一定の正常回転期間

があって，長期的には正常値に近づくのが普通なので，固定資産や総資産などについても，回転期間による分析が重要である。特に，総資産回転期間は，複数の資産を利用して粉飾が行われた場合には，粉飾のすべてが，総資産回転期間に表示される可能性がある。この場合，個々の資産では回転期間がそれ程上昇していないので，粉飾を見逃すことがあっても，総資産回転期間は，大きく上昇して，異常値を示すことになる。

回転期間のかわりに，上式の分子と分母を入れ替えた回転率が利用されることもあるが，本書では，回転期間に統一することにする。

回転期間は，年，月，日などの単位で計算されるが，本書では，特別な事情がない限り，月単位で統一することにする。

(5) 規　　模

規模が企業の安全性の尺度になるかには疑問があるが，継続企業には，業種ごとのリスクの性格や大きさに従って，一定の規模の経営基盤ができていることが要求される。この意味では，規模も安全性の条件になる。

百貨店や紡績業界などの例外があるが，業界トップの3社程度のランクは50年程度のスパンで見ても，それ程変化がない業界が多く，規模は安全性に重要な意味をもっていると考えられる。帝国データバンクでは，企業の信用程度の評価のために，企業ごとに評点をつけているが，規模に対して100点満点中の19点を配分していて，規模を重視している。

規模を図る尺度には，売上高，人員数，などさまざまなものがあるが，ここでは，財務安全性の尺度の中心を自己資本比率にしたこととの関連もあり，純資産金額により，AからBまでの6段階で評価する。

- ○　純資産3,000億円以上　　　　　　　　　　A
- ○　純資産1,000億円以上3,000億円未満　　　 B
- ○　純資産200億円以上1,000億円未満　　　　 C
- ○　純資産50億円以上200億円未満　　　　　　D
- ○　純資産10億円以上50億円未満　　　　　　 E

第1部　基本原則

○　純資産10億円未満　　　　　　　　　　　　F

ただし，マンモス企業は別として，大型だから安全とはいえないので，この要素の評価には注意が必要であり，参考程度に留めるべきことも多いと思われる。

(6) 総合評価

最後に，上記の5要素にその他の要素を総合して総合評価を行う。

財務情報による評価では，財務安全性が中心になる。他の要素は，財務安全性を補強したり，将来の方向を予想するための情報として利用する。

また，企業が発表した財務情報には，粉飾が含まれていることもあるので，財務効率性などから粉飾をチェックすることも必要で，粉飾の疑いが濃厚の場合には，財務安全性の評価を根本的に見直すことも必要になる。

図1は，財務情報による総合評価における各要素の関係を示した図である。

図1　財務情報による総合評価の構造図

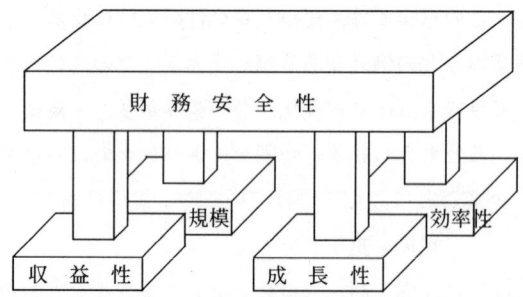

財務情報による評価とはいっても，親会社や系列会社などの有無や経営者の資質，製商品の将来性などの，質的な情報も取り入れる必要がある。

例えば，自己資本比率が低くても，親会社が資本の補填をしてくれることが確実なら，財務安全性を計数による評価以上に引き上げてもよい。ただし，この場合には，親会社に，子会社を支援する財務上の力があること，子会社が親会社にとって，かけがえのない存在であり，子会社だけを整理することなどできない，などの事情を確認する必要がある。

この種の情報には多種多様のものがあり，画一的に定義することが困難なので，企業ごとに，特に，重要なものがあれば，ケースバイケースで取り上げることにする。

3 評価の有効期間

　企業ごとの総合評価について，企業の業績や財務安全性は，常時変動しているので，一度評価すると，長年，評価をそのまま利用できるというものではない。

　また，企業の安全性評価においては，将来の収益性こそが重要なのだが，将来の収益性を正確に予想することは，今の予測技術では不可能である。今が好調なら少なくとも直近の将来も好調さの続くことが期待できるが，それさえも不確かである。

　評価の信頼性を高めるには，できるだけ，短期間で見直しをして，常に鮮度を新しく保つべきである。また，企業の財務情報は粉飾により歪められている危険性もあるので，短い期間に何回も見直しを行うことにより，粉飾を発見できる機会も増える。

　ただ，あまり短すぎても，効果が期待できないことが多い。会社の会計期間は通常は1年で設定されていて，1年ごとに年次財務諸表が公表されるので，毎年1回，見直しをするのが現実的である。

　毎年，見直しを行って，その都度，安全性を確かめるのであれば，次の見直しのときまでの安全性が判定できればよい。しかし，1年後の見直しの直後に倒産するのでは，不都合なことも起こる。

　例えば，与信管理の立場では，取引先の経営破綻の危険性を察知した場合には，対策を決める必要がある。直ちに，取引から撤退して，貸倒れの発生を防止するか，取り敢えずは，取引量を減らすなどして，警戒態勢に入るなどである。この対策は，時間的な余裕を持って決定する必要がある。相手先からの撤退を決定しても，契約残があれば，納期に納入して，支払日がくるまでの期間

第1部 基本原則

内に倒産するのでは，結局不良債権ができてしまい，折角の対策も手遅れになる。そのため，取引先の信用不安に関する情報などは，少なくとも6か月程度は前に察知しておくことが望まれる。

安全性について，毎年，見直しを行う場合にでも，次回の見直しの時からさらに6か月くらい先の安全性を見ておく必要がある。

安全性について，少なくとも1年半程度の期間は通用することを念頭に評価を行うことにすると，例えば，自己資本比率が40％以上あれば，よほど大規模な損失が発生しない限り，大抵の場合で，安全性評価の目的は達成することができると思われる。

ただ，取引先を選定する場合，1年半程度の短期間ではなく，これから長期間の取引継続を前提にする必要があり，長期的観点から安全性を評価することが望まれる。

しかし，企業にはどのようなリスクが待ち受けているか分からないので，できるだけ頻繁に見直しを行って，評価を修正することの必要性をも現実の問題として認識する必要がある。

（注）
1）借入金依存度について：
　借入金依存度と，借入金回転期間との関係は，自己資本比率と純資産回転期間の関係と同じであり，どちらを使っても効果には違いがないが，本書では，主として借入金依存度を利用する。
　なお，純資産や借入金には，分母に総資産を使う自己資本比率や借入金依存度を採用するが，他の項目では，分母に売上高を使う回転期間を採用するのでは，統一性がないのだが，筆者は，自己資本比率や借入金依存度の利用になれていて，この2項目については，回転期間よりも使いやすいので，本書でも，もっぱら自己資本比率と借入金依存度を利用することにする。筆者のわがままをお許しいただきたい。
　ただし，総資産回転期間が著しく短い企業では，自己資本比率などは高く計算されるが，リスクなどは売上高に比例することが明らかな場合には，回転期間によるべきである。
2）基礎資金について：
　ここで，基礎資金とは借入金と純資産の合計のことをいう。
　まず，借入金について検討をすると，取引が増えて売上高が増加した場合に借入

第3章　財務情報による企業の総合評価

金が増える可能性がある。しかし，この場合には同時に仕入債務も増えるのが普通である。借入金が増えるにしても，売上高や総資産も増えているので，借入金依存度や借入金回転期間は増えないで，低下する場合が多い。

借入金依存度や借入金回転期間が増えるのは，主に，固定資産調達資金を借入金で調達した場合と，損失（含み損を含む）発生の場合であり，固定資産残高の増減状態などからの固定資産の資金調達部分を推定して，借入金増加額から除外すると，残りは損失の発生によるものであることが多い。粉飾をして損失を隠しても，借入金依存度や回転期間が増えるので，粉飾発見に役立つ。

これら資金調達には，借入金だけでなく，増資などによる純資産が充当されることがある。そこで，借入金と純資産の合計額を基礎資金とすると，基礎資金構成比や回転期間が増えるのは，固定資産調達の場合と，粉飾で損失を隠した場合である。損失が発生した場合には，借入金か純資産が増えるのだが，同時に損失だけ純資産が減るので，損失を正しく損失として処理している限り，基礎資金回転期間などは上昇することはない。つまり，固定資産調達の場合を除き，基礎資金構成比率や回転期間が増えるのは，粉飾の場合に多く，粉飾発見に効果がある。

なお，本書では，基礎資金構成比率を採用する。

また，総資産中での構成比率を示すものを，自己資本比率や，借入金依存度と呼んだり，基礎資金構成比率など，異なった呼称で呼ぶのは統一性に欠けるが，これまでの慣習を重視したものであり，昔から馴染みの深い呼称を重視したことによるものである。

基礎資金は，総資産と似た動きをすることが多いので，総資産回転期間によっても，基礎資金回転期間の分析と同じような効果が得られることが多いのだが，総資産回転期間は負債隠蔽の粉飾には無力だが，基礎資金回転期間で察知できることがある。

また，仕入債務やその他の負債の動きの影響も受けるので，他の負債との関係で基礎資金を見ていく必要がある。例えば，基礎資金回転期間が低下していても，仕入債務回転期間が伸びている場合には，金融機関からの融資が絞られたのを，仕入債務の支払いを引き伸ばして，資金繰りをつけていることが多く，資金繰りがぎりぎりのところに来ていることを疑ってみる必要があるなどである。

3）　3要素総合残高について：

次の算式で計算される3要素総合残高と，その回転期間は，資金繰りの体質を知るのに役立つし，粉飾発見にも効果的である。

　　　3要素総合残高＝売上債権残高＋棚卸資産残高－仕入債務残高

前渡金や前受金を加えて，5要素などとすることもできる。

3要素総合残高は，売買活動に伴う資金尻を示す。これら項目は，運転資本を構成する要素の中心的なものであり，運転資本の概略的な動きを示す指標として利用できることが多い。

3要素はセットとなって変動することが多く，例えば，棚卸資産が増加した場合には，同時に仕入債務も増加することが多い。期末近くに売上高が急増した場合に

第1部 基本原則

は，同時に仕入債務も増加するか，棚卸資産が減少することが多いなど，3要素をセットにしてみることによって，運転資本の動きを把握することができる可能性が高い。

3要素は，粉飾に利用されることが多い科目であり，また，不良化するリスクが高い項目である。粉飾をしたり，資産が不良化した場合には，資産の回転期間が長期化するか，負債の回転期間が短くなるので，粉飾発見には回転期間を利用するのが有力な方法であるのだが，3要素それぞれに粉飾がなされた場合には，売上債権と棚卸資産は増加し，仕入債務は減少する。

3要素総合の計算では，仕入債務はマイナスになっているので，3要素のそれぞれの粉飾は，すべて3要素総合残高の増加となって表示される。

したがって，次の式で計算した3要素総合回転期間は3要素全体の粉飾を示すことが期待できる。

　　　3要素総合回転期間
　　　　　　＝売上債権回転期間＋棚卸資産回転期間－仕入債務回転期間

以上のような理由で，売上債権や棚卸資産などを個々に分析するとともに，3要素として総合的に取り扱うのも効果的な分析法である。

第4章

リスクの評価について

1 将来の収益性予測について

　企業の安全性評価には，財務の現状だけではなく，将来の姿を予想して評価する必要があり，そのためには，収益性の将来とともに，将来発現する可能性のあるリスクについても考慮する必要がある。

　しかし，前章でも述べた通り，将来の収益性の予測は困難であり，現在の傾向が，直近の将来にまで持続する可能性が高い程度のことしか予測ができない。

　この欠点を補うために，総合評価はできるだけ頻繁に実施して，常に最新の情報による修正を行う必要があるのだが，余りに頻度が多いのも無意味である。総合評価の有効期間を1年間とし，1年ごとに見直しを行うことを前章で提案した。

　本章では，リスクの評価に的を絞って，検討を進めたい。

2 リスクの予想と評価について

(1) リスク対象の選択

　リスクが発現すると損失が発生するのだが，損失は資産についての損失を伴うことが多い。資産の損失を伴わない，例えば損害賠償金の支払いや，リスト

ラのための特別退職金の支払いなどによっても損失が発生するが，この種の損失は際限なく広がる可能性もあって予測は極めて困難である。

ここでは，損失はすべて資産について発生するものと仮定するが，資産について発生する損失額を多めに推定して，特別退職金のような経費の要素も含められるようにする。

また，本書による評価法は，毎年，見直すことを前提にしているので，じりじり損失が発生するようなケースについては，その都度，評価の修正が行われることになる。

損害賠償金や特別退職金などの損失は最終的には資金の支出を伴うので，資金調達が必要である。この種の後ろ向き資金については，企業が保有する資産合計額を超えて調達するのは困難と考えられる。自己資本比率が100％の企業でも，資産総額を超えて損失を膨らませると債務超過になるからである。その意味では，通常の企業では，純資産額が資金調達の限界になると考えることができる。

資金調達には資産の裏付けが必要であるとすると，リスクの大きさを資産ないしは純資産に関連付けて評価するのは必ずしも無理な方法ではない。

将来の損失に繋がる可能性のある事象のリスクをすべて拾い上げるのは現実的でないので，ある程度の限定が必要である。ここでは，リスクの対象となる可能性のある資産の帳簿価額を上限とする。

上のような限定のもとに，最悪のケースを想定して，その場合の損失に耐えうる能力があるかどうかによって，企業の安全性を測定するのである。

リスクの対象となるのは，運転資本を構成する売上債権，棚卸資産，前渡金や仕入債務などの資産と負債，及び固定資産が主なものであり，負債もリスクの対象になりうる。

負債もリスクの対象にする場合，負債で特に問題になるのは，簿外負債の存在であり，簿外負債については，リスクは青天井に膨らむこともあるので，資産とは違った方法でリスクを測定する必要がある。

資産は保有していることがリスクに繋がるが，負債が多いからといって，資

第4章 リスクの評価について

金繰りなどに不安が生じるが,将来の損失につながるリスクが増えるというわけではない。負債で問題になるのは,簿外負債の存在や過少表示の粉飾であり,これをどのように具体的に評価するかが問題である。

本書では,負債のリスクについては,成長過程にある企業と通常の企業とに分けて第2部及び第3部でそれぞれに検討するが,予測が困難であることから,原則として,リスクの対象から除外することにしている。

通常のケースでは,資産のみをリスクの対象とするが,負債隠蔽の粉飾などが推察される場合には,評価の対象にすることを検討する必要がある。

(2) リスクの大きさの推定

そこで,リスク評価は,主にリスクの対象となる資産について,その帳簿価額をリスクの上限とする方法をとることになるが,その場合,まず,貸借対照表の残高によることが考えられる。

また,固定資産について,定期預金や国債などは対象から外す必要がある。土地や借地権などにはリスクの対象外にすることができるものもあろうが,対象外の資産を分別するのは困難なことが多い。

そこで,定期預金や国債などの残高が,それ程多額でない場合には,実務上,固定資産のすべてをリスク対象とすることが許される場合が多いと思われる。

以上の前提にもとづき,以下の各章にて,各企業のリスク測定法を検討することにする。

3 本書でのキャッシュ・フローの取扱い

(1) 利益要素と運転資本要素

後述の通り,本編では,リスク測定の手段として,主に,キャッシュ・フロー計算書(以下,CF計算書という)を利用する。したがって,本論に入る前に,本書でのCF計算書の様式,用語や,取扱いについて,あらかじめ説明しておきたい。

本書では，営業CF区分を，利益要素と運転資本要素に2区分する。

運転資本要素は，売上債権増減収支，棚卸資産増減収支，仕入債務増減収支，その他資産やその他負債の増減収支の合計をいい，運転資本要素以外の収支を利益要素とする。

(2) 運転資本要素の性格

このように分類するのは，運転資本要素は，売上高の変動により変動することが多く，これらの変動は，原則として業績とは関係のないものなので，運転資本要素の収支を含まない利益要素の収支がキャッシュ・フローによる企業業績を示すものと考えられるからである。

通常の販売業の企業のことを考えてみよう。商品を仕入先から購入して，顧客に販売する販売業では，販売代金の回収には，通常，2～3か月を要する。販売の前に1～2か月間は在庫をする必要があり，結局，商品を仕入れてから，販売して，現金を回収するのは，在庫期間を含めると3～5か月を要する。他方，仕入代金の方は仕入れてから2～3か月後に支払う。なお，ここで，販売業を例に取り上げたが，製造業でも，途中で製造の過程が入るだけで，販売業の場合と事情はかわらない。

仕入代金は2か月後に支払い，平均して1か月在庫をした後に販売して，3か月後に回収する企業では，仕入代金は仕入れ後2か月後に支払うのに対して，代金の回収は4か月後になり，支払いが2か月間先行する。

(3) 支払先行型での運転資本要素の動き

このタイプの企業を支払先行型企業という。支払先行型企業では，先行期間だけ，商品代金を立替える必要があり，その立替額は，立替期間の長さと，売上高に比例する。先の例で，月商高が1億円とすると，1億円の2か月分の2億円が立替額になり，売上高が2倍の2億円になると，立替金も2倍の4億円になる。

つまり，支払先行型の企業では，立替期間が一定なら，売上高が増えると立

第4章　リスクの評価について

図2　支払先行型と回収先行型

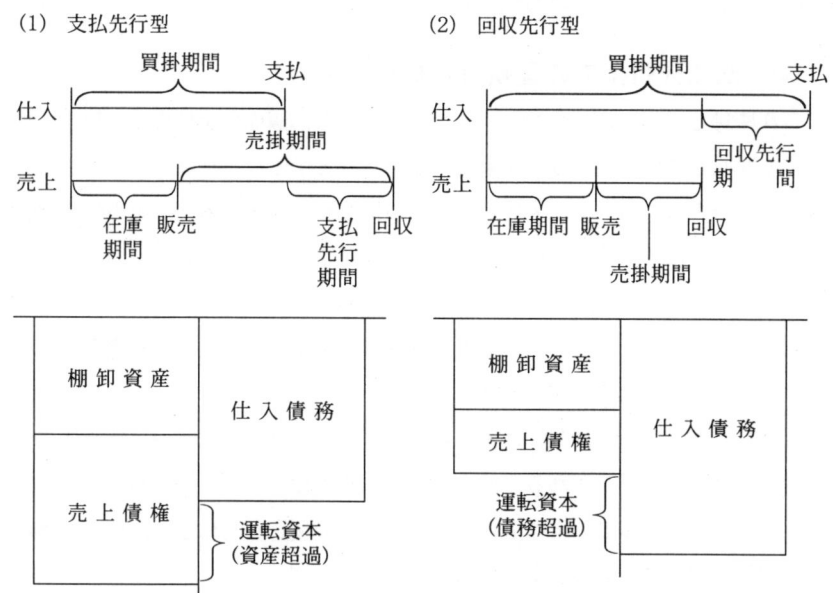

(1) 支払先行型　　　　　　　　(2) 回収先行型

[図：支払先行型と回収先行型のタイミング図と資産負債構成図]

替額が増えるし，売上高が減ると立替額が減少する。

　このことは，資産と負債の関係でも見ることができる。上の例で，月商高を1億円とすると，資産側には棚卸資産が1か月分の1億円と，2か月分の売上債権2億円とが計上され，負債側には仕入債務が2か月分計上される。今，簡単のため，仕入単価と販売単価が同じとすると，負債側には仕入債務2億円が計上される。

　資産と負債の差額2億円が当該企業の売買資金の立替額になる。売上高が2倍になると，資産も負債も2倍になって，立替額も2倍の4億円になる。

　運転資本が上の3要素だけで構成されているとすると，売上高が1億円の場合の正味運転資本は2億円の資産超過だし，売上高が2倍になると，正味運転資産は4億円の資産超過になる。そして，資金収支では，資産超過額が2億円増えることから，2億円の支出超過になる。

　なおここでは，単純化のため，売上高と仕入高の単価差額（売上総利益）は無

33

視している。

(4) 回収先行型での運転資本要素の動き

これに対して，コンビニエンスストアのような，販売代金は店頭で現金引換えにて回収される業種では，在庫期間を1か月とすると，仕入れてから1か月後に回収できる。他方，仕入代金の支払いは2か月後とすると，販売代金は仕入代金支払いの1か月前に回収される。このタイプの企業のことを回収先行型企業という。

回収先行型企業では，売上高の1か月分の代金が企業に残るし，売上高が2倍になると企業に残る金額も2倍になる。

貸借対照表では，資産側には棚卸資産が1か月分計上されるが，負債側に仕入債務が2か月分計上されるので，正味運転資本は1か月の債務超過になる。売上高が2倍になると，正味運転資本は2億円の債務超過になり，資金収支は債務超過の増加額1億円の支出超過になる。

売上高変動による運転資本要素の収支は，回収先行型の企業では，売上高が増えると，運転資本要素の債務超過額が増えて，営業ＣＦが良化するが，運転資本要素のプラスが増えるのは，いわば預り金が増えるようなものであり，売上高が減少した場合には，逆の現象が起こり，預り金を吐き出すことになる。つまり，原則として，業績とは関係のないものなので，業績や企業価値の評価には，除外すべきものである。業績などは，利益要素で評価するのである。

支払先行型の企業では，ＣＦは逆になるので，売上高が増えると，営業ＣＦが悪化するし，売上高が減るとＣＦは良化する。

支払先行型か回収先行型かの違いにより，売上高が増えているときには，会計上の利益よりも，営業ＣＦが良化したり，悪化するのは理屈が合わないから，ここでは運転資本要素を除いた利益要素だけで，業績を評価するのである。

(5) 粉飾発見の用具としての運転資本要素

営業ＣＦ区分を2区分するもうひとつのメリットは，粉飾発見に便利だから

第4章　リスクの評価について

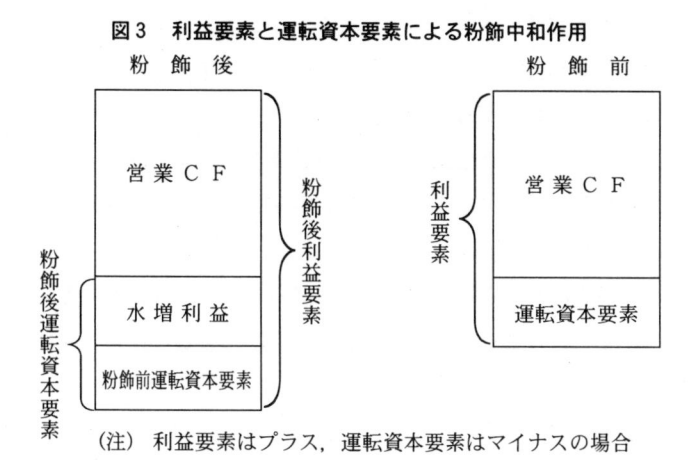

図3　利益要素と運転資本要素による粉飾中和作用

粉飾後
- 営業CF
- 水増利益
- 粉飾前運転資本要素

（粉飾後利益要素＝営業CF＋水増利益）
（粉飾後運転資本要素＝水増利益＋粉飾前運転資本要素）

粉飾前
- 営業CF
- 運転資本要素

（利益要素＝営業CF）

（注）利益要素はプラス，運転資本要素はマイナスの場合

である。

　運転資本要素を利用した粉飾では，例えば，棚卸資産を水増しして，利益を水増しする場合には，利益が増えて，利益要素のプラスが増えるが，運転資本要素では，棚卸資産増減収支のマイナスが増える。

　粉飾により，利益要素のプラスが増えるが，運転資本要素のマイナスが増えるので，営業CF全体としては，プラスとマイナスが中和されて，粉飾前の本来の数値が表示される。

　したがって，運転資本要素の動きを分析すれば，粉飾を発見できることがある。売上高の変動などと関係なく，運転資本要素が大幅なマイナスになる場合には，粉飾を疑って，さらに詳しく調査をするのである。

(6)　フリーCFについて

　粉飾には，運転資本要素だけではなく，固定資産などの投資CFの項目が利用されることがある。この場合には，投資CFのマイナスが増えるので，投資CFの分析により，粉飾が発見できることがある。

　営業CFと投資CFを統合したものにフリーCFがある。

　企業存続のためには，事業継続のために必要な投資を実行しなければならな

い。したがって，営業ＣＦがプラスであるだけでは十分ではなく，事業継続に最低限必要な投資を実行して，なお，キャッシュ・フローがプラスになるだけの，営業ＣＦを稼ぐ必要がある。

そこで，営業ＣＦから企業継続に最低限必要な投資支出をマイナスした残高であるフリーＣＦが重要になる。営業ＣＦのみならず，フリーＣＦも黒字基調でなければならないとするのである。

企業継続に最低限必要な投資支出は，外部の分析者には分からないのが普通なので，代わりに，投資ＣＦ収支全額が企業継続に必要な投資とみて

　　　フリーＣＦ＝営業ＣＦ＋投資ＣＦ

とすることが多い。

本書では，フリーＣＦには上式の定義を採用する。

第2部

成長企業のリスク分析

　本部では，成長を続けている企業についてのリスクを取り扱う。

　成長企業については，既存の事業は，軌道に載って順調に稼動しているので，リスクが少ないとし，リスクの対象を先行投資に絞り込む。

　まず，先行投資についてのリスク評価のためのモデル評価法を設定する。

　成長企業の実例について，モデル評価法によるリスクの評価の効果を確かめる。その上で，その他のリスクの評価法をも検討する。

　粉飾企業は，外見上成長企業の様相をしているので，粉飾企業をも取り扱う。粉飾企業の場合には，粉飾額がリスク評価額に含まれる可能性がある。

はじめに

　最初に，成長企業の安全性の評価法を取り上げる。

　成長企業には，成長に伴うさまざまなリスクがある。急成長による無理な経営のつけが将来突然現れることがある。見通しを誤って投資が無駄になることがある。外国企業の攻勢でたちまち経営不振に陥る企業もある。

　右肩上がりの成長時代が終焉し，停滞時代に突入した我が国の現在では，一企業がいつまでも成長を続けることは不可能である。競争相手の出現や，需要構造の変化などにより，成長が止まるのが普通である。

　成長を続けるには，成長を支える先行投資が必要である。順調に成長している場合には，先行投資により資産が増えても，売上高も増えるので，総資産回転期間などは長期化することはない。

　停滞経済の時代においては，いつまでも成長を続けることは不可能に近い。商品の寿命が短命化しているので，常に新しい商品を開発して，成功商品を生み出すことが必要だが，成功を続けるのは極めて困難である。

　問題は，成長が止まったときである。成長が止まる前に先行投資を中止して，緊縮の姿勢に転換する必要があるが，そのような転換期を見誤ると，先行投資が続いて，過剰投資が膨れ上がり，やがてはそのツケが企業経営を圧迫する。

　第1部で，リスクの評価については，リスクの対象を一定の資産に限定することを提案したが，多額の先行投資を続けている成長企業についての実例によるケーススタディを通じて，資産とリスクの関係を検討する。

第1章

リスク評価についての試案

1　リスクの対象額の予測

　リスクの評価法としては，資産残高に正常値を決めておいて，正常値を超える部分をリスクの対象にする考え方がある。この方法では，正常値の設定が重要な意味を持つが，正常値を決める絶対的な基準がないのが難点である。さらに，正常値は，その時々の情勢によって違ってくるので，最初から固定的な金額を設定するのも現実的ではない。

　現実的な方法として，直前の何年間かの資産残高の増減の累計額による方法が考えられる。新しく取得した資産は古くから保有している資産よりもリスクが高いと考えられるからである。

　一定期間における資産の増加は，偶発的なものや，物価上昇によるものなどを除くと次のような原因によって起こると考えられる。

① 遊休資産や不良資産の発生
② 粉飾による水増し
③ 事業拡大に伴うもの
④ 事業拡大のための先行投資によるもの
⑤ 構造変化によるもの

　①，②は含み損要素であることは明らかである。これに対して，③以下のも

のは将来損失に転化する可能性のあるリスク対象の資産であって，次のような性質を持つ。

④は拡大が失敗に終われば，損失になる可能性が高いものである。③は拡大に伴うものであり，既に拡大が実現しているので，③よりは安全性が高いが，新規取引によるものなら，環境の変化などで，拡大が一時的なものに終われば，損失に変わる危険性をはらんでいる。

⑤の構造変化によるものも，例えば，競争の激化に対処するために在庫量を増やすとか，販売促進のために，回収条件を長くするなど，企業にとって不利な方向で対応するために生じるものが多いので，在来の取引に比べ危険性が高いと考えられる。

したがって，③以降のリスクは，現状を正常状態と見て，正常状態から逸脱することによるリスクであり，最悪の場合には全損になる可能性がある。最悪の場合を想定する立場では，③以降を①，②と同一視して，増加額全体をリスク対象額として取り扱うことができる。

運転資本要素についても同様のことが言えるが，負債については，減少が重要である。負債の減少は，負債隠蔽の粉飾の可能性があるからである。

■2 キャッシュ・フローによるリスク測定

(1) 資産・負債の増減とキャッシュ・フロー

資産の増減額を求めるのには，貸借対照表の期間ごとの残高の増減によるのが普通だが，ここではＣＦ計算書を利用することを試みる。

すなわち，固定資産の増減には投資ＣＦの収支額を利用し，流動資産については，営業ＣＦの運転資本要素を利用する。

(2) 投資ＣＦによるリスク測定

投資ＣＦがリスク測定に役立つのは次のような根拠による。

一般論として，資産の保有にはリスクが伴うので，資産の増加は，リスクの

増加を意味する。粉飾による資産の増加の場合にも同じだが，この場合には，増加額はリスクではなく，損失そのものである。

投資ＣＦは投資項目の支出と同項目の売却などによる収入との差額であり，減価償却費を除いて，固定資産の売却損益や廃棄損などがそれ程大きな金額でない限り，固定資産帳簿価額の増加額に近い金額になる。ただし，資産の増減と，キャッシュ・フローとはプラス・マイナスが反対になるので，次のような式になる。

　　固定資産増減額 ≒ －（投資ＣＦ＋減価償却費）

売却益が多い場合には，投資ＣＦの絶対値は固定資産帳簿残高の増加額より少なくなって，リスクの過少評価になる恐れがあるが，その分だけ利益が増えて，純資産も増えているので，リスクの過少表示を補う役割をする。

投資ＣＦを固定資産の増減に見立てたとしても，そのすべてが同等にリスクのあるものではない。投資ＣＦのうち減価償却費に見合う部分は，原則として，これまでの事業を維持するための投資であり，これまでの実績があることから，リスクが少ないと考えられる。

図１　キャッシュ・フローとリスク対象額

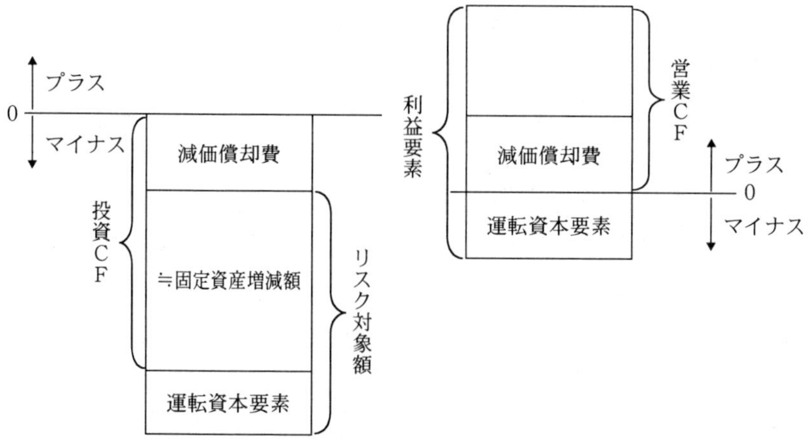

（注）利益要素が減価償却費を除いてもプラス，運転資本要素及び投資ＣＦはマイナスの場合の図である。

第2部　成長企業のリスク分析

　減価償却費部分がすべて元の用途に再投資されるとは限らないが，これまでの実績の範囲内の再投資なので，リスクは少ないと考えられる。

　減価償却費を超える部分は，原則として，事業拡大や新分野への参入などを目的とする先行投資部分と見ることができ，リスクが大きい部分である。したがって，投資ＣＦのうち，減価償却費見合部分を除いた，純増部分がリスクの対象になるとして，純増額をリスク対象額と名付ける。

　先行投資が計画通りに働かず，過剰投資になった場合でも，すべてが無駄になって損失処理をする必要があるとは限らない。他の用途に転用したり，転売して，投資の一部を回収できる可能性がある。

　反対に，操業損失や特別退職金の支払いなどで，先行投資額以上に損失が発生することもある。減価償却費相当額の投資部分についても，投資が目的通りに働かず，損失が発生するリスクもある。

　成長企業については，先行投資部分をリスク対象とするのだが，先行投資が多くても，それに見合って売上高が増加している場合には，投資の目的が一応は達成されているので，リスクは少ないと考えることができる。ただ，先行投資が直ちに売上増に結びつくわけではなく，何年かのタイムラグを経て，売上増となって実現するものである。

　企業は成長を維持するためには，先行投資を続ける必要があるが，売上増が止まるか，売上増が困難視されるに至った段階で，先行投資にブレーキをかけることが予想される。

　したがって，固定資産が増加しても，それに比例して売上高が増えれば固定資産回転期間が上昇しないので，この場合には，先行投資は，一応は所期の目的通りに働いていると解釈することができる。ただし，タイムラグ部分の先行投資は別であり，この部分は将来の売上の実績を見ないと，成果のほどは分からない。

　そこで，売上増が続いていて，固定資産の回転期間が正常値近くで押さえられている場合には，タイムラグの期間を過ぎた先行投資は，既に順調な稼動に入っており，設備過剰などのリスクは一応解消されたと考えることができる。

第1章　リスク評価についての試案

それに減価償却もある程度進捗しているので，リスクも減少している。

これが，タイムラグ期間以前の先行投資部分をリスクの対象から除外する根拠である。

タイムラグの期間を3年間とすると，当期を含む最近の3期間の投資CFのうちの減価償却費を除いたリスク対象額の3年間の累計額が，現時点におけるリスク累計額になる。

タイムラグの期間として，3年が適当かどうかは，今後の実験により確かめる必要があり，試行錯誤により，最適の年数を決めるほかないと考える。

(3) 運転資本要素について

運転資本要素についても，同様のことがいえ，3年程度をタイムラグの期間と見て，3年間の運転資本要素の累計額をリスク累計額と考えることができる。固定資産の場合と同様に，売上債権や棚卸資産などが増加した場合には，リスク対象額の増加としてとらえる必要がある。それが，売上増に伴う正常な増加であっても，売上増自体に不安定要素があって，それに伴う運転資本の増加にもリスクが伴うと考えるのである。

成長企業で，売上増が続いている場合，例えば4年程度以前の売上増は，既に安定化しているので，運転資本の増加分も既に安定していると考えられ，リスク対象から外してよいと考えられる。

(4) 運転資本か運転資産か

したがって，直近の3年間の運転資本要素の累計額だけをリスク対象にするのである。この場合，運転資本要素には負債も含まれているのだが，成長過程にあっては，負債の収支もプラスになって，資産の収支のマイナスを中和させる働きをすることが多い。リスクの対象になるのは，資産の増加部分であり，負債の増加が資産についてのリスクを減らす役割をするわけではないので，両者を中和させるのは不都合である。

例えば，売上増に伴って，売上債権が増加したが，仕入債務も増加したので，

運転資本要素全体としては，増減は僅かである場合でも，売上債権の増加分の多くが不良債権になるリスクと，仕入債務の増加とは原則として無関係であり，売上債権の増加だけをリスク対象の増加としてとらえるのが順当である。

したがって，ここでは，資産のみを取り上げ，売上債権，棚卸資産，その他資産の増減収支（以下，運転資産要素という）だけをリスク対象額とすることとしたい。その場合，負債隠蔽などの粉飾が，リスクとしてとらえられなくなるが，やむを得ない。

3 キャッシュ・フローか残高増減額か

本書では，リスクの測定にキャッシュ・フローを利用することにしたのだが，残高増減額によるべきとの考えもある。

本書で，キャッシュ・フローをとったのは，まず，キャッシュ・フローこそ本当のリスクを示すという考えによるものである。

しかし，例えば，投資有価証券が評価換えで残高が脹らんでいる場合，将来の処分損などは，評価換え後の残高がもとになるので，キャッシュ・フローでなく，残高によるべきとの考えも成り立つ。また，リスクに対する抵抗力として，リスクと対比させる純資産は，評価損益などを含んだものなので，キャッシュ・フローによるリスクと比較するのでは，首尾一貫しないことになる。

ただ，ここでのキャッシュ・フローによるリスクの評価法は，成長過程にある成長企業に適用するためのものであり，しかも，直近の３年間のキャッシュ・フローに限って累計額を計算することにしている。

この場合，最近実施した先行投資が評価損益などの対象となることは稀であると考えられる。したがって，例えば，古くから所有している投資有価証券について評価増を行って残高を増やしたために，タイムラグ期間中の先行投資による資産増加が中和されて，残高の増減額がゼロとなっている場合には，残高によるリスク評価法では，リスクが発生していないことになり不都合である。

次に，増減額のように前年度残高との対比で計算しなくとも，キャッシュ・

第1章　リスク評価についての試案

フローでは，増減額そのものが表示されているという計算上の便利さも，キャッシュ・フローを採用した理由になっている。

　以上が，キャッシュ・フローを採用した理由である。

第2章

株式会社ヤマダ電機による実験

1 ヤマダ電機について

　ここでは，成長企業の例として，全国で家電量販店を展開する株式会社ヤマダ電機を取り上げ，同社の財務情報により上記5要素での総合評価を行う。
　その上で，前章で設定したリスク評価法を当てはめて，その効果を検証する。
　株式会社ヤマダ電機は昭和58年9月に群馬県において前橋商店の商号で設立され，本格的なチェーン展開を開始した。
　その後，全国的に大型の家電，情報機器などの量販店を設立し，日本最大の家電販売店の地位を確立していった。
　昭和62年5月には株式会社ヤマダ電機と合併して，商号を株式会社ヤマダ電機に変更した。
　平成元年3月には日本証券業協会に株式を店頭登録し，同12年9月には，東京証券取引所の第一部に上場した。
　表1は，ヤマダ電機の平成17年3月期から同22年3月期までの，損益計算書及び貸借対照表の主な項目の推移を示したものである。

第2部　成長企業のリスク分析

表1　ヤマダ電機主要財務数値推移表

(単位：百万円)

	17／3	18／3	19／3	20／3	21／3	22／3
(損益計算書項目)						
売　　上　　高	1,102,390	1,283,961	1,443,661	1,767,818	1,871,828	2,016,140
前年比増減倍数		1.165	1.124	1.225	1.059	1.077
営　業　利　益	29,157	49,372	55,551	65,424	49,522	87,303
売上高利益率(％)	2.65	3.85	3.85	3.70	2.65	4.33
当　期　純　利　益	28,819	37,027	43,420	49,174	33,207	55,947
総資産純利益率(％)	7.66	8.03	7.89	6.55	4.27	6.22
(貸借対照表項目)						
現　金　預　金	37,908	30,034	41,152	66,195	49,464	88,258
同上回転期間(月)	0.41	0.28	0.34	0.45	0.32	0.53
売　上　債　権	20,091	15,934	23,637	34,755	33,740	41,301
同上回転期間(月)	0.22	0.15	0.20	0.24	0.22	0.25
棚　卸　資　産	117,237	146,326	158,211	193,506	169,692	169,107
同上回転期間(月)	1.28	1.37	1.32	1.31	1.09	1.01
流　動　資　産　計	194,057	213,934	262,775	342,894	313,548	353,283
回　転　期　間(月)	2.11	2.00	2.18	2.33	2.01	2.10
有　形　固　定　資　産	105,017	159,676	179,783	263,218	305,672	360,171
同上回転期間(月)	1.14	1.49	1.49	1.79	1.96	2.14
無　形　固　定　資　産	1,806	2,665	2,722	3,860	4,378	30,590
投　資　そ　の　他	75,663	84,999	105,157	140,727	154,889	155,566
同上回転期間(月)	0.82	0.79	0.87	0.96	0.99	0.93
固　定　資　産　計	182,487	247,341	287,663	407,806	464,940	546,329
同上回転期間(月)	1.99	2.31	2.39	2.77	2.98	3.25
固　定　比　率(％)	102.80	98.88	99.01	214.74	130.44	112.33
資　　産　　計	376,544	461,275	550,439	750,700	778,489	899,612
同上回転期間(月)	4.10	4.31	4.58	5.10	4.99	5.35
仕　入　債　務	57,228	62,026	85,299	90,668	58,111	84,940
同上回転期間(月)	0.62	0.58	0.71	0.62	0.37	0.51
借　　入　　金	69,534	61,481	70,067	217,896	222,487	230,852
借入金依存度(％)	18.47	13.33	12.73	29.05	28.58	25.66
負　　債　　計	199,025	208,482	250,902	423,276	422,036	493,231
同上回転期間(月)	2.17	1.95	2.09	2.87	2.71	2.94
純　　資　　産	175,219	250,122	299,536	327,423	356,452	406,381
自己資本比率(％)	46.53	54.22	54.42	43.61	45.79	45.17
(複　合　指　標)						
3要素総合残高	80,102	100,234	96,549	137,593	145,321	125,468
同上回転期間(月)	0.87	0.94	0.80	0.93	0.93	0.75
基　礎　資　金	244,753	311,603	369,603	545,319	580,939	637,233
同上回転期間(月)	2.66	2.91	3.07	3.70	3.72	3.79
同上構成比率(％)	65.00	67.55	67.15	72.64	74.62	70.83

2 ヤマダ電機の財務情報による総合評価

表1について，第1部で設定した5要素についての通常の財務分析法による総合評価法に従って，ヤマダ電機を総合的に評価すると以下の通りとなる。

●ヤマダ電機の財務情報による総合評価

① 財務安全性

	17／3	18／3	19／3	20／3	21／3	22／3
自己資本比率	46.53%	54.22%	54.42%	43.61%	45.79%	45.17%

自己資本比率は40％台から50％台の間で変動しており，平成20年3月期には43.61％にまで低下したが，その後，上昇して，22年3月期には45.17％に達している。

ただ，固定資産の増加により借入金が増加を続けていて，平成20年3月期には借入金依存度が29％を超えたが，平成22年3月期には増資を行ったこともあって25％台に低下している。基礎資金回転期間も上昇しているが，これも，主として固定資産の増加のための資金調達によるものと推察される。

固定比率が平成20年3月期以降100％を超えていて，固定資産に対する投資のスピードに，純資産の増加が追いついていないことが推察できるが，総合すると，財務安全性については，全期間を通じて健全（優良）と評価できる。

② 収益性

	17／3	18／3	19／3	20／3	21／3	22／3
当期純利益	28,819	37,027	43,420	49,174	32,207	55,947
総資産純利益率(％)	7.66	8.03	7.89	6.55	4.27	6.22

ヤマダ電機では，売上高営業利益率は低いのだが，売上高にくらべて，総資産が少なく総資産回転期間が短いので，総資産純利益率はそこそこの水準を維持している。総資産回転期間が短いのは，当社では，売上代金は現金引換えで

第2部　成長企業のリスク分析

回収するのが原則なので，売上債権回転期間が極めて低いし，棚卸資産も比較的回転が早いので，全体として流動資産回転期間は短いし，量販を強みとしているので，固定資産の回転期間も短いからと解釈される。

総資産当期純利益率は，最近は低下傾向にあるが，最低の平成21年3月期でも4.27％であり，評価対象期間中を通じて，投下資金に見合った利益が確保できていて，収益性はまずまずと評価できる。

③ 成 長 性

	18／3	19／3	20／3	21／3	22／3
売上高前年比増減倍数	1.165	1.124	1.225	1.059	1.077

対象期間を通して売上高は増加が続いているが，平成19年3月期をピークにして，平成20年3月期以降は，増加率はやや鈍っている。

当期純利益も平成21年3月期を除き，増益が続いていて，趨勢として成長過程にあると評価できる。ただし，平成20年3月期頃から，先行投資額が増える傾向が続いているため，今後の成長率は従来以上に高いものが要求されていることに注意する必要がある。

最近成長速度が鈍っている点に心配があるが，一応は成長企業と認定できる。

④ 効 率 性

	17／3	18／3	19／3	20／3	21／3	22／3
総資産回転期間(月)	4.10	4.31	4.58	5.10	4.99	5.35
総資産純利益率(％)	7.66	8.03	7.89	6.55	4.27	6.22

総資産回転期間は極めて短く効率性が高いのだが，それでも，年度ごとに長期化の傾向にある。

これは主に固定資産の増加によるものである。将来の成長を目指して先行投資を活発に行っているが，売上高が投資に追いついていない感があり，今後の売上高の趨勢に注意が必要である。

収益面では，利益率に低下傾向が見られるが，最低の21年3月期においても，まずまずの水準であり，収益面からも効率性は高いと評価できる。

⑤ 規　　模

	17／3	18／3	19／3	20／3	21／3	22／3
純資産	175,219	250,122	299,536	327,423	356,452	406,381
ランク	B	B	B	A	A	A

　急速な売上高の成長にもかかわらず，純資産も順調に増えているので，売上高をベースにした規模のみならず，純資産をベースにした規模でも上昇していて，Bランクから20年3月期以降はAランク入りをして，その後，安定的にAランクを維持している。

● 総合評価

　財務安全性は優良であり，収益性，成長性，規模の面において，優良会社の水準を維持しているが，最近になって，売上高の成長率に低下傾向が見られ，固定資産や総資産回転期間の上昇とともに，資産の効率面に疑問が出てきている。リスクの面から，今後の売上高の増減などに注意が必要である。また，平成20年3月期には借入金依存度が急上昇し，30％に近づいているのにも注意する必要がある。

３　ヤマダ電機の例によるリスク評価モデルの有効性の検証

　表2は，ヤマダ電機の平成17年3月期から同22年3月期までの営業ＣＦと，投資ＣＦの推移表である。

　表2では，営業ＣＦ区分を，利益要素と運転資本要素の2区分に細分している。

　粉飾は運転資本要素の水増しだけでなく，固定資産など投資ＣＦの構成要素の操作によっても行われることがある。特に，ヤマダ電機では，固定資産の増加がかなり顕著なので，固定資産についてのリスクが増大している。

第2部　成長企業のリスク分析

表2　ヤマダ電機の営業及び投資ＣＦ推移表
(単位：百万円)

	17／3	18／3	19／3	20／3	21／3	22／3
税金等調整前純利益	44,885	62,196	70,600	80,880	59,883	95,241
減 価 償 却 費	7,311	8,437	10,710	12,818	22,730	23,148
諸　　調　　整	−2,731	1,253	1,071	−3,232	13,552	8,199
法 人 税 等	−16,183	−18,403	−28,567	−28,706	−33,700	−33,811
利 益 要 素	(33,282)	(53,483)	(53,814)	(61,760)	(62,465)	(92,777)
売上債権増減	−7,050	3,518	−7,700	−12,274	1,014	−8,469
棚卸資産増減	−413	−29,105	−10,419	−27,671	23,209	4,873
仕入債務増減	5,492	4,857	14,704	3,035	−32,557	26,504
その他資産増減	−570	−1,047	−9,543	−245	−2,823	7,107
その他負債増減	7,599	2,032	5,917	3,057	−4,287	10,611
そ　の　他	1,775	−1,647	1,585	−728	3,477	315
運 転 資 本 要 素	(6,833)	(−21,392)	(−5,456)	(−34,826)	(−11,967)	(40,941)
営　業　Ｃ　Ｆ	40,115	32,091	48,358	26,934	50,498	133,718
投　資　Ｃ　Ｆ	−28,248	−73,854	−52,325	−123,305	−67,347	−108,218
運 転 資 産 要 素	−8,033	−26,634	−27,662	−40,190	21,400	3,511
リ ス ク 対 象 額	−28,970	−92,050	−69,277	−150,677	−23,227	−81,559
リ ス ク 累 計 額	−116,407	−167,920	−190,298	−312,004	−243,181	−255,453
リスク構成比(％)	−30.91	−36.40	−34.57	−41.56	−31.24	−28.40
改訂自己資本比率	15.62	17.82	19.85	2.05	14.54	16.78

(注)　運転資産要素＝売上債権収支＋棚卸資産収支＋その他資産収支
　　　リスク対象額＝運転資産要素＋投資ＣＦ＋減価償却費
　　　リスク累計額＝直近3期間のリスク対象額の合計
　　　リスク構成比＝(リスク累計額÷総資産)×100％
　　　改訂自己資本比率＝|(純資産＋リスク累計額)÷総資産|×100％
　　　改訂自己資本比率の計算式では，リスク累計額を純資産に加算することになっているが，表2ではリスク累計額はマイナス表示となっているためである。

　本来は，投資ＣＦに運転資本要素収支を加えたものをリスク対象額とするのだが，前述の通り，運転資本要素については，負債の収支を無視して，資産項目を運転資産要素と呼び，運転資産要素だけをリスク対象額に含めている。
　また，投資ＣＦには，1年を超える定期預金の増減も含まれ，この部分はリスクには関係がないと考えられるが，金額的には，設備投資などに比べて小さいし，どんどん膨らんでいくことなどないのが普通なので，除外することはし

第2章　株式会社ヤマダ電機による実験

ていない。

　なお，平成17年2月期の累積額の計算には，平成15年及び同16年3月期のCF計算書が必要だが，表3では，スペースの都合で省略してある。

　ヤマダ電機では，先行投資が多いのだが，リスク累計額は純資産の範囲内に収まっている。1,233億円の投資支出のあった平成20年3月期においても，リスク累計額は総資産の41.56％であり，自己資本比率よりも少ないので，リスク累計額が全損になっても，リスク発現後の予想自己資本比率を示す改訂自己資本比率は僅か1.99％ではあるが，資産超過の状態を維持できる。

　その他の期間では，リスク累計額が全損になっても，改訂自己資本比率は，最低の平成21年3月期でも14.55％のプラスを維持できる。平成22年3月期には増資を実施したこともあって，改訂自己資本比率は16.77％に上昇しているのは，先行投資のリスクに対する抵抗力を強化したものとして評価できる。

　ただ，表1について，総資産回転期間は年度ごとに長期化する傾向が見られる。特に，平成20年3月期以降，長期化のピッチが速まっている傾向が見られるが，これは，平成21年3月期に，新しいリース会計基準の適用により，リース資産が156億円増加したことも原因しているが，最大の原因は，平成20年3月期以降，固定資産の増加速度が上がったのに，売上高の増加速度が鈍ってきているためである。

　総資産回転期間が長期化傾向にあるのは，先行投資が売上増に完全に貢献するまでのタイムラグが長期化してきているのか，あるいは，先行投資の効果が計画通りには実現できていないのかのどちらかであると考えられる。

　また，表2によると，リスク累計額の回転期間は平成17年3月期を除外すると，平成20年3月期に2.12か月に跳ね上がっているほかは，各年度ともに1.5か月台で安定していて，表1の総資産回転期間の動きとの間にギャップが生じている。このことから，リスク累計額が過小評価になっていることが疑われるのだが，この原因として，総資産回転期間が伸びている原因と同じで，タイムラグの期間が3年では短すぎるのか，あるいは，先行投資が計画どおりに働いていないかのどちらかであることが考えられる。この期間だけのたまたまの現

第2部　成長企業のリスク分析

象かもしれないし，先行投資にリスクを限定したことに無理があることも考えられる。どちらかを決めるには，いま暫くの期間の観察が必要がある。

　ヤマダ電機では，平成21年，22年3月期と，売上高の増加スピードがやや低下しており，このまま，低成長に向かう可能性もある。ここでのリスク測定法は，成長が続いている場合にのみに通用する方法であり，成長が止まった時期以降は，第3部の通常の企業の測定法に従ってリスクの測定をする必要がある。

第3章

粉飾企業での実験

ケース1　フタバ産業株式会社

1　フタバ産業について

　次に，粉飾により，成長企業の外観をしているフタバ産業株式会社について，リスク測定についてのモデル方式を適用してみる。

　フタバ産業はトヨタ系の自動車部品メーカーであり，表3には，同社の売上高，当期純利益，総資産，純資産の平成16年3月期から，同22年3月期までの推移を記載してある。

　フタバ産業では平成16年3月期から同21年3月期第1四半期までの間，不適切会計処理が行われており，表3(1)訂正前には，平成20年3月期までの，粉飾によって歪められたままの数値が記載してあり，(2)には，平成20年3月期までの粉飾訂正後の数値と，平成21年及び平成22年3月期の数値を記載してある。また，(3)では，粉飾期間中における訂正前と訂正後の差額（すなわち粉飾額）を記載してある。

第2部 成長企業のリスク分析

表3 フタバ産業基礎資料
(単位：百万円)

(1) 訂正前

	16／3	17／3	18／3	19／3	20／3
売　　上　　高	219,484	263,590	325,181	394,859	447,854
前年比増減倍数		1.201	1.234	1.214	1.134
当　期　純　利　益	8,520	9,708	11,499	12,770	12,060
総資産純利益率(％)	3.76	3.66	3.56	3.30	2.89
流　動　資　産	93,823	114,781	129,849	136,350	140,825
流動資産回転期間(月)	5.13	5.23	4.79	4.14	3.78
固　定　資　産	133,103	150,534	195,388	251,136	278,936
固定資産回転期間(月)	7.28	6.85	7.21	7.63	7.47
資　　産　　計	226,927	265,318	325,238	387,487	419,762
総資産回転期間(月)	12.41	12.08	12.08	11.78	11.25
負　　　　　債	81,896	108,842	154,039	198,364	220,718
負債回転期間(月)	4.48	4.96	5.68	6.03	5.91
借　　入　　金	17,132	33,555	58,477	92,216	107,299
借入金依存度(％)	7.55	12.65	17.98	23.80	25.56
純　　資　　産	143,273	153,182	167,862	189,122	199,044
自　己　資　本　比　率	63.14	57.74	51.61	48.81	47.42
基　礎　資　金	160,405	186,737	226,339	281,338	306,343
基礎資金構成比(％)	70.69	70.38	69.59	72.61	72.98

(2) 訂正後

	16／3	17／3	18／3	19／3	20／3	21／3	22／3
売　　上　　高	219,484	263,792	325,523	394,739	447,164	385,892	376,323
前年比増減倍数		1.202	1.234	1.213	1.134	0.863	0.975
当　期　純　利　益	7,699	2,478	−12,194	−33,176	−12,622	−30,054	−565
総資産純利益率(％)	3.41	0.96	−4.05	−10.48	−3.91	−14.78	−0.22
流　動　資　産	92,775	110,776	120,450	122,040	121,690	83,642	96,926
流動資産回転期間(月)	5.07	5.04	4.44	3.71	3.27	2.60	3.09
固　定　資　産	133,254	146,734	180,339	194,424	201,004	173,882	160,279
固定資産回転期間(月)	7.29	6.67	6.65	5.91	5.39	5.41	5.11
資　　産　　計	226,029	257,518	300,790	316,465	322,695	257,525	257,205
総資産回転期間(月)	12.36	11.72	11.09	9.62	8.66	8.01	8.20
負　　　　　債	81,820	109,095	160,881	205,210	226,483	211,149	206,745
負債回転期間(月)	4.47	4.96	5.93	6.24	6.08	6.57	6.59
借　　入　　金	17,132	33,859	58,998	92,216	97,299	137,995	114,452
借入金依存度(％)	7.58	13.15	19.61	29.14	30.15	53.59	44.50
純　　資　　産	142,452	145,131	136,515	111,254	96,212	46,375	50,459
自　己　資　本　比　率	63.02	56.36	45.39	35.16	29.82	18.01	19.62
基　礎　資　金	159,584	178,990	195,513	203,470	193,511	184,370	164,911
基礎資金構成比(％)	70.60	69.51	65.00	64.29	59.97	71.59	64.12

(3) 訂正額（粉飾額）

	16／3	17／3	18／3	19／3	20／3
売　　上　　高	0	−202	−342	120	690
当 期 純 利 益	821	7,230	23,693	45,946	24,682
流　動　資　産	1,048	4,005	9,399	14,310	19,135
固　定　資　産	−151	3,795	15,049	56,712	77,932
資　　産　　計	898	7,800	24,448	71,022	97,067
負　　　　　債	76	−253	−6,842	−6,846	−5,765
借　　入　　金	0	−309	−521	0	−10,000
純　　資　　産	821	8,051	31,347	77,868	102,832
基　礎　資　金	821	7,742	30,826	77,868	101,818

（注）　(3)訂正額で，プラスは粉飾による利益水増しの場合であり，マイナスは利益隠し（利益水増しの戻しを含む）の場合である。

　フタバ産業では，建設仮勘定の本勘定への振替漏れ，仕掛品の売上原価への振替をしなかったり，固定資産の減損処理を怠るなどで，平成16年から同20年3月期までの5年間に，合計1,000億円強の利益を水増ししていた。

　同社では，業績優先主義に徹していて，経理部などの非営業部門には十分な人員を配置せず，経理部員には過重な負担が課せられていた。また，社内情報収受システムの不備により，経理部には会計処理上必要な情報が伝わっていなかった。一部の経理担当者は不適切な会計処理の内容を理解せずに，独自の簡便な処理法が適切なものと誤認していた。

　同社の不適切会計処理は，上記のような事務処理能力の不足や内部統制の不備によるものであり，粉飾を意図したものではないとされているが，そのまま信じることはできない。

　フタバ産業では，訂正前の公表値によると，平成20年3月期までは，売上高，諸利益を快調に増やし続けている。売上増にともない資産総額も増え続けている。中でも流動資産の増加が著しく，特に，仕掛品の増加が多いし，次に多いのは固定資産であり，棚卸資産と固定資産への先行投資が活発に行われていたことが窺われるのだが，売上高が増加しているために，流動資産回転期間は低下傾向にあるし，固定資産回転期間は上昇傾向にあるものの，上昇率はそれ程

第2部　成長企業のリスク分析

高くはない。資産全体では回転期間はむしろ低下していて、先行投資は順調に売上増（成長）に結びついているように見える。

表3の訂正額の表は、平成20年3月期までの訂正前と訂正後の数値を比べて、年度ごと、項目ごとに差額を計算したものであり、訂正前の数値は、平成20年3月期末で流動資産が195億円、固定資産が758億円水増しになっているし、負債が65億円過少表示になっている。その結果、純資産は1,018億円の水増しになっていて、平成20年3月期末までの粉飾の累計額は1,018億円程度であったことが推察できる。

資産が大幅に水増しされているのに、総資産回転期間が短縮傾向にあるのは、資産の水増しと同時に、合理化による資産削減が行われていて、資産削減が水増しを上回っていたためと考えられる。

粉飾発見には、通常は、回転期間によるチェックが効果的なのだが、当社の場合には、回転期間分析は効果的ではない。また、粉飾をすると、基礎資金回転期間が膨らむことが多いのだが、全体として合理化により、資産及び使用資金の削減をしている場合には、粉飾による使用資金の膨らみは削減額と相殺されて、基礎資金回転期間の増加とはならないので、通常の方法による粉飾発見は困難である。

売上高の推移にも疑問がもたれる。同社では、平成19年3月期までは毎年20％を超える高い成長率で売上高が伸びているし、平成20年3月期には成長のスピードが鈍ったというものの13.4％の高い伸び率が続いている。

売上高については、訂正額が僅かであり、売上高での水増しがなかったことになっているが、平成21年3月期以降に、売上高が大幅に減少していることなどから推して、平成20年3月期までの売上には実体の乏しい売上高が含まれていて、実質的には成長率はずっと低いものであった可能性がある。成長率がもっと低かったとすると、資産回転期間は上昇していた可能性があり、売上高水増しが粉飾発見を困難にしていることも考えられる。

2　フタバ産業の財務情報による総合評価

　表3の訂正前の数値により，フタバ産業の総合評価を行うと以下の通りとなる。訂正前の数値を用いるのは，粉飾が公表されるまでは，外部の分析者には訂正前の数値しか分からないからである。粉飾された訂正前の数値で，どの程度粉飾が見抜けるかを確かめる目的もある。

①　財務安全性

　自己資本比率は低下傾向にあるが，平成20年3月期末でも47.42％であり，健全のカテゴリーを維持している。

②　収益性

　総資産当期純利益率は平成16年3月期の3.76％から年度ごとに低下して，平成20年3月期には2.89％になっている。純資産当期純利益率も同様の傾向を辿っていて，平成20年3月期には5.58％になっており，まずまずの収益性を維持していると評価できる。

③　成長性

　売上高については，平成19年3月期までは，毎年20％以上の成長率を記録しており，平成20年3月期には，13.4％に低下したとはいえ，高い成長率が続いている。

　当期純利益については，絶対額は平成19年3月期までは増加が続いていたが，平成20年3月には，絶対額も利益率も前年度に比べ低下している。

　売上では成長が続いているが，利益が平成20年3月期に低下していることから，平成20年3月期が成長から停滞への分岐点になる可能性もあり，今後の動向に注意が必要である。

　いずれにしても，不適切会計処理が行われたままの訂正前の数値による限り，平成20年3月期までは，成長企業と認定される。

④　効率性

　運転資金要素を含め，流動資産回転期間は低下傾向にあるし，固定資産回転

第2部　成長企業のリスク分析

期間は安定しており，資産の効率性は維持されている模様である。

総資産純利益率も純資産純利益率も標準並みであり，収益面での効率も高い。

⑤　規　　　模

Bランクを維持していて，規模面でも遜色はない。

●　総　　　評

以上から，財務安全性は高く，収益性，成長性，効率性，規模面でも問題はなく，総合して安全性が高いと評価できる。

フタバ産業では，不適切会計処理により，この5年間に累積で1,000億円を超える利益の水増しが行われているが，巧妙に操作されているためか，総合評価の結果は，すべての面で安全で優良会社との評価になっている。

通常の粉飾企業では，資産の回転期間が大きく上昇するとか，自己資本比率の低下や，借入金依存度の上昇が続くなどの粉飾の兆候が現れ，すべての面で安全と評価されるようなことはないのが普通である。

当社の場合は，訂正前の財務情報による場合でも，資産や基礎資金の回転期間はむしろ低下傾向にあるし，自己資本比率は低下傾向にあるが，それでも平成20年3月期においても極めて健全の水準を維持している。

借入金依存度も上昇傾向にあるが，なお安全圏内にあるなど，粉飾を推定するのは困難である。

フタバ産業では，粉飾により資産の水脹れが起きているのだが，同時に，合理化により，資産の削減努力をしていて，全体として資産は減少していることが推察される。粉飾による水増しは合理化による削減額により打ち消されて，回転期間の上昇となって現れないものと考えられる。

あるいは，訂正損益計算書によると，売上高は水増しされていないことになっているが，売上高の増加は，粉飾とまではいえないものの，実体のない空虚なものが多く，空虚な売上高で水増しされているので，粉飾による資産の水増しは回転期間の上昇にならなかったことも考えられる。

いずれにしても，通常の財務分析の手法では，粉飾の発見は困難である。また，この時期の自動車産業は，トヨタ自動車をはじめとして，販売台数が増え

第3章 粉飾企業での実験

て好況が続いていたので，フタバ産業の売上高や利益が増えているのは，環境から見て不自然さはなく，常識的な判断によっても，粉飾の発見は困難なケースである。

3 キャッシュ・フローによる先行投資リスクのチェック

表4は，フタバ産業の平成16年3月期から同20年3月期までの営業CFと，投資CF及びリスク対象額などの推移表である。(1)訂正前，(2)訂正後の2種類のものを記載してある。

表4 フタバ産業のキャッシュフロー等推移表

(単位：百万円)

(1) 訂正前

	16／3	17／3	18／3	19／3	20／3
税調整前当期利益	13,781	16,165	19,512	23,466	23,632
減 価 償 却 費	14,316	17,015	21,949	30,310	38,725
諸 調 整	79	612	−1,662	492	1,847
法 人 税 等	−5,767	−5,868	−7,047	−7,407	−7,873
利 益 要 素	(22,409)	(27,924)	(32,752)	(46,861)	(56,331)
売 上 債 権 増 減	−1,715	−6,301	−9,992	−9,073	3,518
棚 卸 資 産 増 減	−7,516	−6,891	−5,727	−4,231	−7,976
仕 入 債 務 増 減	8,819	4,273	13,83	5,059	3,549
そ の 他	−1,245	2,248	−7,119	296	−647
運 転 資 本 要 素	(−1,657)	(−6,671)	(−9,004)	(−7,949)	(−1,557)
営 業 C F	20,752	21,253	23,748	39,125	54,775
投 資 C F	−24,961	−32,680	−47,420	−80,351	−69,924
運 転 資 産 要 素	−10,476	−10,944	−22,838	−13,008	−5,105
リ ス ク 対 象 額	−21,121	−26,609	−48,309	−63,049	−36,304
リ ス ク 累 計 額			−96,039	−137,964	−147,662
リ ス ク 構 成 比(%)			−29.53	−35.61	−35.33
改訂自己資本比率(%)			22.08	13.20	12.05

第2部　成長企業のリスク分析

(2) 訂　正　後

	16／3	17／3	18／3	19／3	20／3	21／3	22／3
税調整前当期利益	13,218	9,292	3,315	−22,433	285	−36,480	−2,841
減 価 償 却 費	14,477	18,112	23,907	54,837	36,780	51,831	31,221
諸　　調　　整	85	612	−813	1,216	540	1,882	2,709
法　人　税　等	5,767	−5,868	−7,047	−7,407	−7,873	−8,491	8,131
利　益　要　素	(22,013)	(22,148)	(19,362)	(26,213)	(29,732)	(8,742)	(39,220)
売 上 債 権 増 減	−2,287	−5,730	−10,025	−8,950	4,098	22,232	−9,452
棚 卸 資 産 増 減	−6,156	−4,991	−712	278	−2,765	9,119	3,703
仕 入 債 務 増 減	8,738	4,273	13,834	5,139	3,930	−30,107	20,517
そ　の　他	−1,169	2,275	−6,969	409	−767	5,029	−2,559
運 転 資 産 要 素	(−874)	(−4,173)	(−3,872)	(−3,124)	(4,496)	(6,273)	(12,209)
営　業　Ｃ　Ｆ	21,139	17,975	15,490	23,089	34,228	15,015	51,429
投　資　Ｃ　Ｆ	−25,347	−29,302	−39,163	−64,315	−49,378	−50,251	−20,281
運 転 資 産 要 素 計	−9,612	−8,446	−17,706	−8,263	566	36,380	−8,308
リ ス ク 対 象 額	−20,482	−19,737	−32,962	−17,741	−12,032	37,960	2,632
リ ス ク 累 計 額			−73,181	−70,440	−62,735	8,187	28,560
リスク構成比(％)			−24.33	−22.26	−19.44	3.18	11.10
改訂自己資本比率(％)			21.06	12.90	10.37	21.19	30.72

　表4によると，訂正前も訂正後もフリーＣＦは同額だが，(1)訂正前では利益を水増しして，その分だけ運転資本要素や，固定資産などを水増ししているために，訂正前では利益要素のプラスが粉飾金額だけ脹らんでいるし，反対に運転資本要素と投資ＣＦのマイナスが脹らんでいるので，利益要素を除外するリスク対象額では，マイナスが大きく膨らんでいる。

　平成20年3月期末における3年間のリスク累計額では，(1)訂正前の147,662百万円の赤字に比べ，(2)訂正後では62,735百万円の赤字であり，両者の間に84,927百万円の差がある。

　訂正後のリスク累計額62,735百万円は，先行投資などによるリスク発生額であると考えられるので，両者の差額84,927百万円は，粉飾によるものと推定される。

　会社発表の粉飾額よりも少ないのは，粉飾は5年前の平成16年3月期から行

われているのに，リスク対象額の累計期間は3年に限定したことにもよると考えられる。あるいは，平成20年3月期の投資の中には，翌年以降に支出されたものが多かったのかもしれない。

　フタバ産業のように，粉飾の場合にでも，リスク対象額が膨れ上がるので，キャッシュ・フロー分析により，粉飾までもが把握できるが，粉飾の場合にはリスク対象額の全額が損失になるし，タイムラグ期間だけに限定することができず，粉飾に関連したリスク対象額は，粉飾額の全期間の累計額が損失金額になる。

　ただ，フタバ産業の例で見たとおり，粉飾は，初期の間は規模が小さいし，後になるほど金額が膨れ上がるのが普通である。それに最近では，監査の厳格化が浸透してきているので，粉飾はそれ程長期間続かないで発見されることが多いので，直前の3年程度に絞っても，それ程支障はないことが多いと思われる。

　累計期間が3年間でよいかどうかは，フタバ産業の例で見ると，3年以上にすると，リスク累計額が過大になると思われ，3年間が適当であるように思われる。

　フタバ産業については，平成21年3月期以降は売上高が低下して，停滞期に入っているので，表4によるリスク対象額の大きさで，リスクを測定する方法の適用には問題がある。売上高が停滞に転じた場合は，リスク対象額が，年の経過に係わらずそのまま残留するので，フタバ産業の場合，平成20年3月末におけるリスク累計額の内，粉飾によるものを除いた63百万円は，平成21年3月期以降も引き継ぐ必要があるからである。

　本書では，第3部において，成長過程から停滞過程に移った企業，及び衰退傾向にある企業などの評価法を検討する。

4　結　　論

　訂正前では，平成18年3月期には，リスク累計額は総資産の29.53%であっ

第2部 成長企業のリスク分析

たものが,投資が増えるに従って,平成19年3月期以降は35.33%に増えている。フタバ産業では,訂正前の数値では自己資本比率が高く表示されている。低下傾向にあるとはいうものの,平成20年3月期末においても自己資本比率が47.37%もあるので,リスク累計額の全額が損失になってもまだ,自己資本比率が12.05%に低下するだけで,債務超過にはならない。

結論として,フタバ産業は,リスク累計額の構成比が高いが,粉飾スタート時の自己資本比率が高かったために,安全性は維持されていると評価できる。

フタバ産業のケースからは,キャッシュ・フローによるリスク測定は,粉飾の場合を含めて効果的であることが推察される。粉飾については,通常の財務分析では発見が困難な場合にでも,リスク対象額として捕捉できる可能性が高いと考えられる。

第3章 粉飾企業での実験

ケース2　株式会社アリサカ

1　アリサカについて

　次に，成長企業で，リスク対象額が膨らんでいるのに，自己資本比率がそれ程高くない例として，平成20年5月に会社更生手続開始の申請を行って倒産した株式会社アリサカを取り上げる。

　アリサカは，宮崎市に本店を置き，九州各地でゲーム，ボーリング場，スーパー銭湯，飲食店などを経営している娯楽産業に属する企業であり，近畿地区にも進出していた。

　平成14年10月には株式を店頭登録し，同16年12月にはジャスダックに上場している。

　平成20年5月27日に，監査法人から過年度における棚卸資産の過大計上と，店舗改造費の架空計上等の不適切会計処理の疑惑を指摘された結果，平成20年3月期の決算発表が遅れる旨の発表があった。

　平成20年5月28日には，宮崎地裁に会社更生法手続開始の申立て行って，事実上倒産したのだが，結局，平成20年3月期の決算は公開されなかったし，不適切会計処理の内容や規模などについても発表されていない。

　表5は，アリサカの平成14年3月期から，同20年3月期第3四半期までの，業績及び財務主要数値の推移を示したものである。平成20年3月期については，第3四半期までの数値しかわからないので，売上高は12か月で換算した数値もカッコ内に記載しており，回転期間はこの換算値で計算しているが，季節性などの影響があるので，換算値による回転期間が必ずしも実体を表しているとは限らない点に注意する必要がある。

第2部　成長企業のリスク分析

表5　アリサカ主要業績・財務数値推移表

(単位：百万円)

	14／3	15／3	16／3	17／3	18／3	19／3	19／12 (12か月換算)
売上高	4,022	4,495	5,451	6,762	8,548	9,915	8,250 (11,000)
前年比増減倍数	—	1.118	1.213	1.241	1.264	1.160	
当期純利益	203	170	214	92	170	110	204 (272)
総資産純利益率(％)	2.33	1.86	2.12	0.77	1.21	0.66	1.62
流動資産計	1,067	876	952	1,375	1,973	2,115	1,988
同上回転期間(月)	3.18	2.34	2.10	2.44	2.77	2.56	2.17
固定資産計	7,648	8,262	9,125	10,532	12,016	14,505	14,788
同上回転期間(月)	22.82	22.06	20.09	18.69	16.87	17.55	16.13
資産計	8,717	9,144	10,091	11,919	13,992	16,630	16,791
同上回転期間(月)	26.01	24.41	22.21	21.15	19.64	20.13	18.32
借入金外負債	4,684	2,257	1,630	1,465	1,164	1,125	969
同上回転期間(月)	13.98	6.03	3.59	2.60	1.63	1.36	1.06
借入金	2,773	5,347	6,506	7,900	10,208	12,916	13,222
同上回転期間(月)	8.27	14.27	14.32	14.02	14.33	15.63	14.42
純資産	1,260	1,539	1,955	2,554	2,621	2,589	2,599
同上回転期間(月)	3.76	4.11	4.30	4.53	3.68	3.13	2.84
自己資本比率(％)	14.45	16.83	19.37	21.43	18.73	15.57	15.48
基礎資金	4,033	6,886	8,461	10,454	12,829	15,505	15,821
同上回転期間(月)	12.03	18.38	18.63	18.55	18.01	18.77	17.26

2　アリサカの財務情報による総合評価

表5により，アリサカの総合評価を行うと，下記の通りとなる。

① 財務安全性

自己資本比率は平成17年3月期までは上昇を続けていたが，最高時の平成17年3月期でも21.43％に過ぎない。平成18年3月期以降，自己資本比率は低下を続けていて，平成19年3月期末には15.57％になっている。

借入金回転期間が高く，それも期ごとに上昇を続けている点にも注意する必要がある。通常の企業とは売上高の内容が違うので，回転期間で単純に比較す

ることはできないが，借入金依存度で見ても，平成19年3月期末では77.67%もあり，通常の企業では考えられない高さである。借入金が既に異常に多いのに，さらに借入を行って先行投資に資金を投下するのに，不自然さが感じられる。資金繰りのための自転車操業的な売上により成長を続けていることも疑うべきである。

② 収　益　性

総資産当期純利益率が著しい低率で推移しており，収益力の不足から，成長による資産増加に見合った内部留保ができず，自己資本比率の低下となって表れている。

③ 成　長　性

平成16年3月期から同18年3月期までの3年間の売上高の前年度比増減倍数は連続して20％を超えているし，平成19年3月期も16％の高い成長率が続いている。

成長を続けている新興企業と評価できるが，成長率が高いのに，自己資本比率は低率のまま改善されず，地盤の弱い土地の上に，補強をせずに高層ビルを建設しているようなもので，危険性は高まっている。

売上高の伸び率が高すぎることから，粉飾も疑われる。売上高が増加しているのに，当期純利益が減少傾向にあることからも，粉飾が疑われる。

粉飾の疑いがあるものの，平成19年3月期までの実績値をそのまま評価すると，成長企業と認定できる。

④ 効　率　性

総資産回転期間をはじめとして各種回転期間は低下傾向にあり，資産効率性が高まっていることを示しているが，もし，売上高が粉飾で水増しされているのなら，このような評価はできない。

総資産当期純利益率なども低すぎて，採算上の効率性も悪い。

⑤ 規　　模

Eランクで終始していて，高い成長性を支えるだけの規模にはなっていないと評価される。

第2部　成長企業のリスク分析

● 総合評価

　財務安全性が低いし，期間ごとに危険性が高まっている。その他の評価ポイントについても，成長性を除いてすべてに問題があり，総合しても安全性が低いし，しかも悪化の方向にあると評価される。

　当社については，下記の通り粉飾の兆候が多い点にも注意すべきで，むしろ，粉飾を前提に分析を進めることも必要と考える。

- ・　売上高の伸び率が高すぎる。1年か2年なら，20%程度の成長率を達成する企業も多いが，3年，5年と継続して高い成長率を示す企業は多くはなく，粉飾による売上水増しが疑われる。
- ・　高い成長率を維持するには，堅固な財務上の基盤が必要である。基盤が弱いままに，成長率だけを高めるのは，どこかで無理が出てきて，途中で成長が止まるのが普通であり，財政状態が貧弱な会社で，長期間高い成長率が続いている場合は，粉飾による水増しであることが疑われるのである。
- ・　長期間にわたって低い利益率が続いているのに赤字にはならないのは不自然であり，好況の時期においても，僅かばかりの利益しか上げられない企業は，不況の際には赤字になって当然である。
- ・　借入金外負債は，主に仕入債務と設備購入のための負債であるが，回転期間どころか，絶対額も減少している。売上高が急速に伸びていて，仕入債務などが増加しているはずだし，固定資産の増加状況から見て，設備購入負債も大幅に増えて当然なのに，減少をしているのは不自然であり，負債隠蔽の粉飾が疑われる。

③ キャッシュ・フローによるリスク度のチェック

　表6は，アリサカの平成14年3月期から，同20年3月期の第3四半期までの営業CF，投資CFとリスク要素の推移を記載した表である。平成19年12月期は9か月間の数値であり，参考のために記載したものである。

第3章　粉飾企業での実験

表6　アリサカ営業・投資ＣＦ，リスク対象額等推移表

(単位：百万円)

	14/3	15/3	16/3	17/3	18/3	19/3	19/12
税調整前当期利益	367	311	386	172	307	244	382
減価償却費	738	698	604	800	1,646	2,184	1,783
諸　調　整	19	33	54	250	159	226	−56
税　金　等	−192	−181	−127	−199	−35	−111	−144
利　益　要　素	(932)	(862)	(917)	(1,023)	(2,077)	(2,543)	(1,965)
売上債権増減	0	0	0	0	−103	83	−8
棚卸資産増減	−23	−30	−63	−81	−89	−133	−77
仕入債務増減	25	−128	28	19	73	100	−28
そ　の　他	81	148	108	37	−88	106	−78
運転資本要素	(83)	(−10)	(73)	(−25)	(−207)	(156)	(−191)
営　業　Ｃ　Ｆ	1,015	852	990	998	1,870	2,699	1,774
投　資　Ｃ　Ｆ	−257	−476	−1,491	−2,211	−3,449	−4,889	−1,938
運転資産要素	−23	−30	−63	−81	−192	−50	−85
リスク対象額	458	192	−950	−1,492	−1,995	−2,755	−240
リスク累計額			−300	−2,250	−4,437	−6,242	−4,990
リスク構成比(％)			−3.28	−18.88	−31.71	−37.54	−29.72
改訂自己資本比率(％)			18.10	2.55	−12.98	−21.97	−14.24

　アリサカでは，利益要素のプラスが続いており，しかも毎期着実に増加を続けているが，運転資本要素ではマイナスの期間が多いなど，粉飾を疑わせるパターンになっている。

　当社では，粉飾の疑惑の存在を発表しただけで，粉飾の内容や影響額などは公表していないが，粉飾の疑惑を発表した翌日に倒産していることから，大規模な粉飾の行われていたことが推察される。

　粉飾を行われていたことを前提にキャッシュ・フローを観察すると，運転資本要素のマイナスはそれ程大きくはなく，投資ＣＦのマイナスが極めて多いので，粉飾は，専ら投資ＣＦの項目で行われたことが推察される。

　平成16年３月期から投資ＣＦの赤字が大きくなっていて，それも期間ごとに増加が続いている。既に経営破綻状態に陥っているのを，粉飾で業績を誤魔化している会社では，多額の投資など行う余裕などないので，投資ＣＦのマイナ

第2部　成長企業のリスク分析

スは年度ごとに減少していくのが普通と思われ，したがって，当社の投資ＣＦのマイナスの多くは粉飾によるものと考えられる。

とすると，リスク対象額の大部分は粉飾によるものであり，リスクではなく，既に損失として実現していると考えられる。

リスク対象額の3年間の累積額が増加を続けていて，平成19年3月期末には62億円を超えている。リスク累計額の大部分が既に損失になっているとすると，大幅な債務超過になっていて，倒産してしかるべきである。

当社では，訂正後の財務諸表など発表していないので，62億円のリスク累計額は実態を示しているかどうかは不明だが，この程度の損失を隠していたと見ても不思議ではない。平成19年12月末には，リスク累計額が50億円に減少しているが，粉飾の場合には，リスク対象額の累計期間を3年間に限定することができない。5年間の累計ではリスク対象額の累計額は74億円になる。

リスク累計額の総資産中に占める構成比率は，平成18年3月期には30％を超え，平成19年3月期には37.54％に達している。リスク累計額がすべて損失になった場合の自己資本比率は，平成18年3月期にはマイナスになり，平成19年3月期には改訂自己資本比率は21.97％のマイナスになっている。

これまでの例では，急速に成長している企業では，先行投資に忙しく，リスク累計額が膨らむ傾向があり，総資産中に占める構成比が30％を超えることが多いことから見て，自己資本比率が30％以下の成長会社は，財務情報による総合評価で健全と評価されて，リスク面から見て，危険度の高い会社と見なければならないことが多い。

自己資本比率が20％未満の企業では，リスク累計額の半分程度が損失になっても，債務超過に陥る可能性が高いので，高度成長を遂げるためには，自己資本比率が一定水準以上であることが基本条件になり，特に，20％未満の会社では，粉飾により成長の外観を保っていることを疑うことも必要である。

自己資本比率が低い会社では，成長を志向すること自体が無理であって，まず，体質を改善してから成長路線をとるべきであるということができる。

フタバ産業の場合と同様に，通常の財務分析では発見できない粉飾も，リス

ク対象額として捕捉できるキャッシュ・フローによるリスク評価法は，粉飾発見にも効果的と考えられる。

4 リスク要因としての借入金について

これまでのヤマダ電機，フタバ産業とは違って，アリサカでは，借入金が異常に多い点にも注意する必要がある。回転期間にして15か月以上，総資本の80％近くを借入金で賄うなどは通常の企業では考えられず，このような高水準にまで借入金が膨らむ前に，金融機関でも警戒して，途中で貸付を中止すると考えられる。

当社では，どのような方法で，多額の借入金を調達できたのかは分からないが，将来，成長が止まった段階で，金融機関からは新規借入れができなくなるばかりでなく，返済を厳しく迫られることが予想される。この場合，成長が止まって，資金繰りが苦しくなっているのに，その上，多額の返済を実行するだけの資金がないために，支払不能となって，倒産するリスクが極めて高いことが予測される。

業績停滞の企業では，借入金が過多の状態になりやすく，借入金依存度などが，重要なリスク測定の尺度になるのだが，成長企業についても，過大借入れをリスク要因に加える必要がある。

成長過程にあるときは，金融機関は気前よく，融資を増やしてくれるのだが，成長が止まると，たちまち引き締めに態度が豹変することがある。

新規の借入ができないどころか，既に，借りている分についても，返済を請求される。成長期に，借りられるままに借入金を増やしていると，成長が止まった時点では，膨大な借入金が残る。金融機関から返済を迫られると，成長が止まって業績が悪化していて，営業ＣＦも悪化しているので，営業過程で稼いだ資金では返済に不足する。

そのため，成長企業で借入金依存度が例えば55％を超えると，成長が止まったときには，金融機関から返済を迫られ，資金繰りが破綻する危険性が極めて

第2部　成長企業のリスク分析

高いと判断する必要がある。特に，当社の場合は，売上債権や棚卸資産が少なく，先行投資の大部分は固定資産に投下されているので，資金の流動性が低いために，急場の資金調達は困難であると推察される。

通常の企業では，借入金が一定の水準を超えると，資金繰りが困難になるし，支払利息が増えるなどで，経営のさまざまな面で支障が出てくる。多額の在庫を長期間保有する必要のある不動産業者など特殊な業種を除いて，一般企業では，借入金依存度が一定水準以上に（例えば55％以上）になると，金融機関の圧力もあり，借入金の削減に向かわざるを得なくなる。それが，削減するどころか，その後もどんどん増えている企業は，自転車操業の状況にあって，減らすにも減らせない状態になっていて，手段を問わずに借入金を増やすしか生き延びる道がなくなっていることを物語っている可能性がある。

このような観点から，借入金依存度について，リスク測定尺度として，例えば，50％以上を要警戒水準とし，60％以上を危険状態とするなどの基準を設定することができる。

5　その他の尺度

固定比率もリスク測定の尺度になる。

例えば，ヤマダ電機では固定比率は最高のときでも，130％程度であり，フタバ産業でも同じ程度である。アリサカでは平成19年3月期末において固定比率は560％を超えており，純資産に対して，リスク資産である固定資産の比率が極めて高い。

固定比率が高いということは，リスク資産である固定資産に対して，そのリスクの吸収役になる純資産が少ないことを意味するので，当然に危険性が高いことになる。

固定比率が高い場合には，流動資産が少ないことが多いので，流動性も低く，特に，成長が止まって，借入金の返済を厳しく要求される場合などの，返済財源の捻出が困難になり，資金繰りが破綻する危険性が高くなる。

店頭での現金引換え販売が原則のスーパーマーケットやコンビニエンスストアーなどでは，売上高が増加している成長期には運転資本要素の収支はプラスになる傾向があり，成長期には売上が増えれば増えるほど，収入超過額が増えるが，成長が止まるとたちまちその超過分を吐き出すことになる。したがって，成長期間中に運転資金でできた余裕資金を，成長が止まったときの準備に，流動性の高い資産に投下していることが，安全性の条件のひとつになる。

第4章

ケーススタディ

ケース1　株式会社ファーストリテイリング

1　ファーストリテイリングについて

　成長企業では，成長を続けるためには，先行投資を続ける必要があるが，成長が止まった段階で，先行投資の一部が遊休資産になり損失に転化するリスクがある。このリスクについては，ヤマダ電機の事例をもとに検討した。そして，キャッシュ・フローによるリスク要素により，リスクの大きさを推定する方法を考案した。

　この方法は，粉飾により，成長企業と同様の業績パターンを示す企業の，粉飾額の推定にも効果的であることを，フタバ産業とアリサカの例で確認した。

　次に，上記のリスク測定法の効果を確かめるために，長期間成長を続け，世界企業にまで成長したファーストリテイリングのケースと，積極的な先行投資により世界一の自動車メーカーになったが，その後，世界的な自動車販売量の減少により売上高が大幅に低下し，巨額の赤字を出すに至ったトヨタ自動車の例，それに，ソフトバンクグループの一員として，情報検索やオークションサ

第2部　成長企業のリスク分析

イトの運営，オンラインショッピングサイトの運営などで，急成長を遂げているヤフーの各社をケーススタディとして取り上げ，同時にリスク測定法の改善や補強について検討したい。

　まず，ファーストリテイリングから始める。

　株式会社ファーストリテイリングはカジュアルウエア販売店「ユニクロ」を展開する会社であり，紳士服からスタートしたが，婦人服や婦人靴などにも進出している。

　積極的に店舗を増やし続けた結果，日本国内直営店舗数が，平成21年8月期末には770店に達したし，ニューヨーク，パリなどに海外旗艦店をオープンするなど，海外でも店舗を増やしている。

　表7は，ファーストリテイリングの平成12年8月期から同21年8月期までの業績及び財務の主要数値の推移表である。平成13年8月期までは，同社では個別財務諸表しか発表していなかったので，表7の数値は平成13年8月期までは個別のものだし，平成14年8月期以降は連結のものである。個別から連結への転換に伴い，両ベースの間には多少の食い違いがあるが，大差はなく，大まかな比較には，大きな支障はないと考える。

第4章 ケーススタディ

表7-1 ファーストリテイリングの業績・財務数値推移表

(単位：百万円)

	12/8 (個別)	13/8 (個別)	14/8 (連結)	15/8	16/8
(損益計算書項目)					
売　上　高	228,985	418,561	344,170	309,789	339,999
前年比増減倍数		1.828	0.822	0.900	1.098
当期純利益	34,514	59,192	27,850	20,933	31,365
総資産純利益率(%)	22.52	23.36	13.20	9.52	13.02
(貸借対照表項目)					
現金預金	53,432	46,034	67,771	76,447	83,862
同上回転期間(月)	2.80	1.32	2.36	2.96	2.96
売上債権	1,823	3,684	3,143	4,277	3,223
同上回転期間(月)	0.10	0.11	0.11	0.17	0.11
棚卸資産	20,646	30,415	30,995	20,867	28,803
同上回転期間(月)	1.08	0.87	1.08	0.81	1.02
流動資産計	125,905	212,427	166,596	170,537	180,154
同上回転期間(月)	6.60	6.09	5.81	6.61	6.36
固定資産計	27,355	40,985	44,324	49,317	60,743
同上回転期間(月)	1,43	1.18	1.55	1.91	2.14
固定比率(%)	41.19	34.12	35.85	35.10	37.63
資産計	153,260	253,413	210,921	219,855	240,897
同上回転期間(月)	8.03	7.27	7.36	8.52	8.53
仕入債務	42,833	63,533	48,146	43,236	44,706
同上回転期間(月)	2.25	1.82	1.68	1.68	1.58
借入金	10,000	7,000	5,809	0	52
借入金依存度(%)	6.53	2.76	2.75	0	0.02
負債計	86,852	133,289	87,290	79,350	79,463
純資産	66,408	120,123	123,631	140,504	161,434
自己資本比率(%)	43.33	47.40	58.62	63.91	67.02
(複合指標)					
3要素総合残高	−20,364	−29,434	−14,008	−18,092	−12,680
同上回転期間(月)	−1.07	−0.84	−0.49	−0.70	−0.45

第２部　成長企業のリスク分析

表７－２　ファーストリテイリング業績・財務数値推移表

(単位：百万円)

	17／8	18／8	19／8	20／8	21／8
(損益計算書項目)					
売　上　高	383,973	448,819	525,203	586,451	685,043
前年比増減倍数	1.129	1.169	1.170	1.117	1.168
当期純利益	33,884	40,437	31,775	43,529	49,797
総資産純利益率(％)	12.42	10.65	8.83	10.76	10.75
(貸借対照表項目)					
現　金　預　金	74,759	121,950	64,091	67,248	43,876
同上回転期間(月)	2.34	3.26	1.46	1.38	0.77
売　上　債　権	4,472	8,396	9,849	13,411	15,213
同上回転期間(月)	0.14	0.22	0.23	0.27	0.27
棚　卸　資　産	33,594	42,862	55,173	53,778	74,580
同上回転期間(月)	1.05	1.15	1.26	1.10	1.31
流動資産計	180,051	250,326	217,978	263,696	298,171
同上回転期間(月)	5.63	6.69	4.98	5.40	5.22
固定資産計	92,795	129,328	141,792	141,024	165,114
同上回転期間(月)	2.90	3.46	3.24	2.89	2.89
固定比率(％)	50.89	53.78	58.28	53.42	63.16
資　産　計	272,846	379,655	359,770	404,720	463,285
同上回転期間(月)	8.53	10.15	8.22	8.28	8.12
仕　入　債　務	33,718	42,794	40,568	57,035	56,930
同上回転期間(月)	1.05	1.14	0.93	1.17	1.00
借　入　金	4,945	19,584	23,916	19,489	32,853
借入金依存度(％)	1.81	5.16	6.65	4.82	7.09
負　債　計	85,350	139,179	116,487	140,706	201,871
純　資　産	182,349	240,479	243,283	264,014	261,413
自己資本比率(％)	66.83	63.34	67.62	65.23	56.43
(複合指標)					
３要素総合残高	4,348	8,464	24,454	10,154	32,863
同上回転期間(月)	0.13	0.23	0.56	0.21	0.58

　ファーストリテイリングでは，平成13年８月期までは連結財務諸表は公表していないので，表７では，平成13年８月期以前の数値は個別財務諸表によるものである。平成14年８月期の数値との間には，それ程大きな差がないので，大まかな比較には重大な支障がないと思う。

第4章　ケーススタディ

　表7によると，同社では，平成13年8月期には売上が大幅に増加したし，592億円の当期純利益を計上したが，この金額は，これまでの同社の利益の記録であり，平成21年8月期までこの記録は破られていない。

　平成14，15年8月期には，売上高は減少に転じ，当期純利益も減少したため，曲がり角に差し掛かったことが危惧されたが，平成16年8月期には再度上昇に転じ，それ以後21年8月期まで，増加傾向が続いている。

2　財務情報による総合評価

　表7に従って，同社の総合評価をすると以下の通りとなる。
　① **財務安全性**
　自己資本比率は，平成15年8月期以降は60％台の高い状態が続き，平成21年8月期には低下に転じたが，それでも56.43％の高率であり，極めて健全と評価できる。
　② **収　益　性**
　総資産当期純利益率は平成15年8月期の9.52％と19年8月期の8.83％を除き，毎期10％を超えていて，収益性は極めて高い。
　③ **成　長　性**
　平成14，15年3月期には，英国での不採算店舗を整理したこともあって，一時，成長が後退に変わったが，平成16年8月期以降，売上高は増加を続けており，平成21年8月期には前年度比16.82％の上昇率になっている。当期純利益も平成16年8月期以降は，増加傾向を続けていて，長期間高い成長性を維持している。
　④ **効　率　性**
　総資産回転期間はおおむね8か月台で推移しているし，個々の資産でも，特に高いものや，上昇が続いているものが見当たらず，資産の効率性は高いと評価できる。
　仕入債務回転期間が短縮傾向にあり，その結果，3要素総合残高は，債務超

過から資産超過に変わっており，年々，その金額が増えている。これは，粉飾によるのでなく，仕入債務の支払期間を短くして，その分だけ，仕入条件を有利になるよう交渉する材料に利用している可能性がある。

総資産利益率も高く，収益面での効率性も高いことが認められる。

⑤ 規　　模

平成13年8月期以降Bランクを維持し続けており，高成長を支えるに十分な規模を維持していると認められる。

● 総 合 評 価

財務安全性は高いし，その他の側面でもすべて良好で，優良会社と評価できる。

3　キャッシュ・フローによるリスク評価

表8は，表7と同じ期間についてのキャッシュ・フローの推移を示した表であり，キャッシュ・フローから推定したリスク対象額，リスク累計額，リスク構成比などを記載し，リスクがすべて損失になった場合の，改訂自己資本比率も記載してある。平成13年8月期までは個別ベースのものであり，平成14年8月期以降は連結ベースのものである。

第4章　ケーススタディ

表8-1　ファーストリテイリング営業・投資ＣＦ，リスク対象額等推移表

(単位：百万円)

	12／8	13／8	14／8	15／8	16／8
税調整前当期利益	60,001	102,533	50,445	34,751	56,448
減 価 償 却 費	805	1,571	1,941	2,364	2,737
諸　　調　　整	434	−37	−156	2,879	4,125
法 人 税 等	−9,876	−36,650	−52,073	−8,428	−16,747
利 益 要 素	(51,364)	(67,417)	(157)	(31,566)	(46,563)
売上債権増減	−1,175	−1,861	541	−1,179	1,119
棚卸資産増減	−10,620	−9,769	−647	10,262	−8,488
仕入債務増減	23,673	20,699	−15,367	−4,871	2,195
その他資産増減	−371	−512	−2,312	469	−948
その他負債増減	5,919	4,606	−1,733	−477	3,679
運転資本要素	(17,426)	(13,163)	(−19,518)	(4,204)	(−2,443)
営　業　Ｃ　Ｆ	68,790	80,580	−19,361	35,770	44,120
投　資　Ｃ　Ｆ	−5,085	−13,198	−9,927	−10,119	−20,730
運転資産要素	−12,166	−12,142	−2,418	9,552	−8,317
リスク対象額	−16,446	−23,769	−10,404	1,797	−26,310
リスク累計額			−50,619	−32,376	−34,917
リスク構成比(％)			−24.00	−14.73	−14.50
改訂自己資本比率(％)			34.62	49.18	52.52

表8-2

	17／8	18／8	19／8	20／8	21／8
税調整前当期利益	58,016	72,752	62,713	81,994	95,487
減 価 償 却 費	3,681	5,364	6,567	8,523	9,765
諸　　調　　整	−3,021	256	6,072	7,512	13,924
法 人 税 等	−26,819	−24,396	−43,200	−29,430	−40,631
利 益 要 素	(31,857)	(53,976)	(32,152)	(68,559)	(78,545)
売上債権増減	−626	−2,108	−1,132	−3,505	63
棚卸資産増減	1,456	−4,465	−11,809	1,851	−17,576
仕入債務増減	−15,669	4,368	−2,529	15,378	−1,150
その他資産増減	−163	−152	6,408	−2,104	−1,061
その他負債増減	−1,457	5,858	−4,243	7,117	393
運転資本要素	(−16,459)	(3,501)	(−13,305)	(18,737)	(−19,331)
営　業　Ｃ　Ｆ	15,398	57,477	18,847	87,336	59,214
投　資　Ｃ　Ｆ	−16,823	−41,907	−28,783	−15,421	−34,273
運転資産要素	667	6,725	−6,533	−3,758	−18,574
リスク対象額	−12,475	−43,268	−28,749	−10,656	−43,082
リスク累計額	−36,988	−82,053	−84,492	−82,673	−82,487
リスク構成比(％)	−13.56	−21.61	−23.49	−20.43	−17.81
改訂自己資本比率(％)	53.28	41.73	44.14	44.81	38.62

第2部 成長企業のリスク分析

　表8によると，成長期の平成12年，13年8月期には，運転資本要素がプラスになって，営業ＣＦは会計上の当期純利益よりも大幅に多い収入を上げている。

　これは，当社の場合，店頭での現金引換え販売が主力であり，販売代金は早期に回収されるし，在庫も1か月程度の保有で済んでいるが，仕入債務は2か月程度の期間で支払っているので，売買での資金尻はプラスになる回収先行型の企業であるからである。

　通常の業種では，売上債権や棚卸資産に資金が長期間固定するので，仕入債務では賄いきれず，支払先行型になる。回収先行型の企業では，売上高が増えると，運転資本要素収支がプラスになり，営業ＣＦを膨らます作用を果たす。成長過程にあるときには，利益要素の収入額が増えるし，運転資本要素収支もプラスになって，営業ＣＦを会計上の利益以上に嵩上げするのである。

　売上高が減少する局面では，反対に，運転資本要素の収支がマイナスになって，営業ＣＦを会計上の利益以下に抑える傾向がある。

　また，これは，大抵の企業にも共通なことだが，法人税などの支払いは，損益に比べ，通常，半年ないしは1年間は後にずれるので，利益の増加が続いている場合には，今年度には前年度の少ない金額の法人税等を支払うことになる。その結果，売上高の増加局面では，法人税の支出額が会計上の決算数値よりも少なくなることが多いので，営業ＣＦを嵩上げする効果がある。反対に，売上高の下降局面では，前の期の多い金額の法人税等を支払うので，営業ＣＦは，会計上の利益よりも悪化することになる。

　運転資本要素と，法人税等のこのような性質の影響を受けて，当社では，売上高が増えているときには，利益も増えるが，それに増して，営業ＣＦが増えるし，売上高の減少期には，反対の現象が起こる。

　売上増が続いた平成12，13年8月期には，営業ＣＦは利益以上にプラスが増えたのだが，平成14年，15年8月期には，売上高が減少に転じたために，運転資本要素がマイナスになり，営業ＣＦは会計上の利益よりも少なくなっている。ただし，平成15年8月期には，在庫を大幅に削減したために，運転資本要素は黒字になっている。

第4章　ケーススタディ

　平成15年8月以降は，売上高の増加が続いているが，運転資本要素の構造に変化が生じており，構造的に在庫保有量を増やし，仕入債務の支払期間を短縮した模様であり，この結果，これまでの回収先行型から支払先行型に変化しており，売上高が増加しているのに，運転資本要素の収支はマイナスの年度が多くなっている。

　仕入債務については，平成12年8月期には，回転期間が2.25か月であったが，その後低下を続け，平成17年8月期には1.05か月になったし，その後も低水準の回転期間が続いている。支払いを早めて，他の仕入条件を改善する意図によることも考えられる。

　運転資本要素の構造の変化の原因など分からないが，在庫を増やしていることで運転資産要素のマイナスが増加しているので，リスクは増加している。

　平成12年及び13年8月期には，売上高が増加したために，運転資本要素が大幅のプラスになっているが，この収入は売上増がもたらした一種の預り金の増加であり，売上高が減少に転じた際には，吐き出す必要のある収入である。したがって，この収入で得た資金の運用方法が問題になる。資金が入ったからといって，固定資産の投資などに使ってしまったりすると，売上減少時には，資金繰りに詰まることになる。

　当社では平成13年8月期には，流動資産中の有価証券を前年度末の462億円から651億円増やして，1,113億円の残高にしている。2期間における運転資本要素での純収入以上の資金を，流動性の高い有価証券に投下していて，この面での安全性には十分な配慮を払っている。

　平成12年，13年8月期の運転資本要素はプラスだが，仕入債務などの負債を除いた運転資産要素では，在庫増加などにより大幅マイナスになっているし，平成14年8月期にもマイナスが続いているので，平成14年8月期におけるリスク累計額は506億円になり，平成17年8月期まででは最高のリスク累計額になっている。また，平成14年8月期末のリスク累計額の総資産中に占める構成比は24％になっているが，自己資本比率が高いために，改訂自己資本比率も34.62％の高率を保っている。

第2部 成長企業のリスク分析

　平成15年8月期から同17年8月期までは，リスク累計額は300億円台で推移し，リスク構成比も10％台に収まっているが，平成18年8月期以降は，投資支出を大幅に増やしたために，リスク対象額及びリスク累計額は急増し，リスク構成比は再び20％を超えているが，それでも，改訂自己資本比率は40％以上を維持していて，リスク面でも，安全性についての不安はないと評価できる。

　当社の場合は，常に財務安全性を意識して先行投資などを実行しているので，リスク構成比は自己資本比率の範囲内に収まっているが，問題は今後，平成14，15年8月期に経験したように売上高が下降に転じ，そのままジリ貧状態になる場合である。この場合には，先行投資に関するリスクが実現するし，期間損失が続いたりすると，急速に財務内容も悪化する可能性もある。

4　総　　括

　ファーストリテイリングでは，長年にわたって，高度成長を遂げており，そのために，応分の先行投資を行っていて，リスク累計額が大きな金額になっているが，それを大幅に上回る純資産があるので，たとえリスクが実現しても，屋台骨が揺らぐような不安はあまり感じられない。

　ただ，成長が続いているファーストリテイリングでも，平成22年8月期には，後半に入って成長戦略に翳りが出てきたことが報道されており，そのまま，下降局面に向かう可能性もある。現状では当社の安全性は磐石であり，下降局面に入っても，直ちに，がたがたになって，屋台骨までが揺らぐようなことにはならないと推察される。

　当社の自己資本比率が極めて高く財務安全性が高いのだが，財務安全性は，高い収益性と，高い成長率の両輪で支えられている。高い成長率を維持するために，毎期先行投資を行っており，特に最近の数期間は投資額が増えているが，先行投資のリスクは，厚い内部留保により支えられていて，安全性は維持されている。

　ファーストリテイリングでは会社の存亡に関わるような大危機には遭遇した

ことがないので，ここでのキャッシュ・フローによるリスク評価法の効果の判定はできない。

しかし当社は，世界に進出し，いまや世界企業になっているため，国際情勢の影響をもろに受けることになるし，これからも会社の存亡に関わるような巨大なリスクには無縁とはいえない。

当社では，事業上のリスクとして
① 企業買収におけるリスク
② 経営人材確保のリスク
③ 競合リスク

などの一般的なリスクのほかに，
④ 商品の大半が中国はじめアジア各国での生産及び輸入によるものであり，生産国の政治・経済情勢，法制度での著しい変動，大規模な自然災害の発生などのリスクにさらされている
⑤ 海外事業での売上高比率が高まっていくものと思われるが，各国市場ニーズや商品トレンドの変化などの不確実性や景気変動，政治的，社会的混乱，法規制等の変更などが，当社業績に悪影響を及ぼす可能性がある
⑥ ユニクロ事業の商品輸入の大半が，米ドル建となっている。将来的に円安ドル高へ為替が大幅に変動し，その状況が長期化した場合，当社業績に悪影響を与える可能性がある

などを挙げている。

上記のリスクは海外に進出している成長企業なら，どの企業にも共通するリスクと考えられる。

第2部　成長企業のリスク分析

ケース2　トヨタ自動車株式会社

1　トヨタ自動車について

　トヨタ自動車株式会社では，第1部の冒頭で述べたとおり，平成20年3月期までは，業績が順調で，増収・増益が続いていたことから，毎年，先行投資に注力し，投資ＣＦのマイナスが，営業ＣＦのプラスを超えていて，長年，フリーＣＦでの赤字が続いている。

　しかし，停滞経済の時代においては，いつまでも成長を続けることは不可能であり，先行投資が過剰資産になる危険性を常にはらんでいる。トヨタ自動車でも，平成21年3月期には，売上高は減少に転じ，平成22年3月期も減収が続いていて，このまま成長が止まれば，最近数年間の先行投資が過剰資産になる可能性がある。

　そこで，トヨタ自動車について，まず，財務諸表の数値から，総合評価を行い，次に，キャッシュ・フローによるリスク測定法を適用してみたい。

　表9は，第1部で掲載した表1を再掲したものであり，営業ＣＦと投資ＣＦは省略してある。

第4章 ケーススタディ

表9 トヨタ自動車株式会社主要財務数値推移表

(単位:10億円)

	16/3	17/3	18/3	19/3	20/3	21/3	22/3
(損益計算書関係)							
売　上　高	17,295	18,552	21,037	23,948	26,289	20,530	18,951
前年比増減倍数	1.077	1.073	1.134	1.138	1.098	0.781	0.923
営業利益	1,667	1,672	1,878	2,239	2,270	−461	148
当期純利益	1,162	1,171	1,372	1,644	1,718	−437	209
総資産純利益率(%)	5.27	4.81	4.78	5.05	5.29	−1.50	0.69
(貸借対照表関係)							
流動資産	8,848	9,440	10,735	11,880	12,086	11,299	13,074
回転期間(月)	6.14	6.11	6.12	5.95	5.52	6.60	8.28
金融債権	5,852	6,987	8,327	10,003	10,276	9,547	9,840
回転期間(月)	4.06	4.52	4.75	5.01	4.69	5.58	6.23
投資その他	4,608	5,122	6,100	7,035	6,586	4,706	4,934
回転期間(月)	3.20	3.31	3.48	3.53	3.01	2.75	3.12
有形固定資産	5,355	5,796	7,067	7,764	7,812	7,402	6,711
回転期間(月)	3.72	3.75	4.03	3.89	3.57	4.33	4.25
資産合計	22,040	24,335	28,732	32,575	32,458	29,062	30,349
回転期間(月)	15.29	15.74	16.39	16.32	14.82	16.99	19.22
借入金	7,561	8,548	10,397	12,129	12,210	12,619	12,513
借入金依存度(%)	31.07	35.13	36.15	37.23	37.62	43.42	41.23
純資産	8,179	9,045	10,560	11,836	11,870	10,601	10,930
自己資本比率(%)	37.11	37.17	36.75	36.33	36.57	36.48	36.01

2 財務情報による総合評価

表9をもとに，トヨタ自動車の総合評価をすると，以下の通りとなる。

① 財務安全性

自己資本比率は34％台から37％台で上下していて，やや健全のカテゴリーに分類される。ただ，借入金依存度が上昇傾向にあって，平成22年3月期には41％を超えている。これは，トヨタ自動車では，自動車ローンのための金融業も兼業していて，多額の金融債権を抱えていて，このための資金調達を借入金に頼っているからと推察される。

② 収　益　性

平成20年3月期までは，総資産当期純利益率が4～5％で推移していて，収益性が極めて高かったのだが，平成21年3月期には営業損益の段階から赤字に転落したし，翌平成22年3月期も低収益の状態が続いている。

③ 成　長　性

平成20年3月期までは，成長が続いているが，平成21年3月期以降は下降に転じている。

④ 効　率　性

売上高が大幅に上昇した平成20年3月期においても，総資産回転期間が14.8か月もあり，長すぎるが，これは当社では金融業も兼業していて，金融債権を保有しているからで，金融債権を除外すると，総資産回転期間は10～11か月台になり，毎期，積極的に設備投資を行っているのに，資産効率は正常である。

⑤ 規　　　模

Aランクが続いていて，規模面での問題はない。

● 総　　　合

平成20年3月期までは，すべての面で健全性を維持しており，安全性が高いと評価されるのだが，平成21年3月期以降，売上高の成長が止まり，損益は赤字に転落するなど，収益性，成長性に異変が起きている。

3　キャッシュ・フローによるリスクの推定

次に，キャッシュ・フローを利用した各年度におけるリスク対象額と，リスク累計額の推定を行う。

表10は，トヨタ自動車の平成14年3月期から同22年3月期までの，営業・投資ＣＦとリスク累計額などの推移表である。

第4章 ケーススタディ

表10 トヨタ自動車の営業・投資ＣＦ，リスク対象額等推移表

(単位：10億円)

	16／3	17／3	18／3	19／3	20／3	21／3	22／3
当期純利益	1,162	1,171	1,372	1,644	1,718	−461	244
減価償却費	970	998	1,211	1,383	1,491	1,495	1,415
諸調整	10	72	100	−133	15	265	132
利益要素	(2,142)	(2,241)	(2,683)	(3,094)	(3,224)	(1,323)	(1,791)
売上債権増減	6	−178	−298	−213	−207	791	−577
棚卸資産増減	−54	−192	−249	−134	−150	192	56
仕入債務増減	159	154	189	104	62	−837	649
その他	30	346	191	387	53	8	640
運転資本要素	(141)	(130)	(−167)	(144)	(−242)	(154)	(768)
営業ＣＦ	2,187	2,371	2,515	3,238	2,982	1,477	2,559
投資ＣＦ	−2,216	−3,061	−3,376	−3,814	−3,875	−1,230	−2,850
運転資産要素	−48	−370	−547	−347	−357	983	0
リスク対象額	−1,391	−2,433	−2,712	−2,778	−2,741	1,248	−1,435
リスク累計額	−3,030	−4,742	−6,536	−7,923	−8,231	−4,271	−2,930
リスク構成比(%)	−13.75	−19.49	−22.75	−24.32	−25.36	−14.70	−9.65
改訂自己資本比率(%)	23.36	17.68	14.01	12.01	11.21	21.78	26.37

　トヨタでは米国基準を採用しているので，当期純利益からスタートしていて，法人税等支払の項目はない。

　トヨタ自動車では，平成20年3月期までは，長年，多額の利益を計上してきたが，それ以上の投資を実行してきているので，フリーＣＦの赤字が続いている。平成20年3月期までは，投資ＣＦは年度ごとに増え続けているので，フリーＣＦのマイナスも，期ごとに上昇している。

　リスク対象は年々上昇していて，リスク構成比も上昇を続けている。投資ＣＦのマイナスが大きいが，毎年の減価償却費も多いので，リスク対象額は，それ程は大きな金額にはならず，リスク構成比は，最高の平成20年3月期末でも25.36％であり，仮に，リスク累計額が全損になったとしても，自己資本比率は11.21％に低下するが，債務超過にはまだ余裕があり，直ちに危機状態に陥るほどのリスクではない。

第 2 部　成長企業のリスク分析

　平成21年3月期以降，投資ＣＦを大幅に減らしたので，平成22年3月期にはリスク構成比は9％台にまで減少している。ただしこの計算では，リスク対象額の累計期間を3年にしているのだが，平成21年3月期以降は，売上高が大幅に減少しているので，平成20年3月期末のリスク累計額は，今後の期間において徐々に損失として実現する可能性がある。

　したがって，累計期間を3年に限定するのでなく，当分の期間は，平成20年3月期のリスク累計額をそのまま据え置いて，新たに発生したリスク累計額に加算して，リスク累計額を計算するなどの措置が必要になる可能性もある。

第 4 章　ケーススタディ

ケース 3　ヤフー株式会社

1　ヤフー株式会社について

　ヤフー株式会社は，インターネット上の情報処理検索サービスの提供を行うことを目的として，ソフトバンクと米国のヤフーインクが中心になって東京都において，平成 8 年 1 月に設立された。平成21年 3 月末現在においても，ソフトバンクは40.95％，ヤフーインクは34.79％の株式を保有するヤフー株式会社の大株主である。

　平成 9 年11月には店頭登録銘柄として株式を公開，同15年10月には東京証券取引所第一部に上場した。

　表11は，ヤフーの平成15年 3 月期から，同22年 3 月期までの，主要業績及び財務数値の推移表である。

第2部　成長企業のリスク分析

表11　ヤフーの主要財務数値推移表

(単位：百万円)

	15／3	16／3	17／3	18／3	19／3	20／3	21／3	22／3
(損益計算書関係)								
売　上　高	59,095	75,776	117,779	173,695	212,552	262,027	265,754	279,856
前年比増減倍数	1.876	1.282	1.554	1.475	1.224	1.233	1.014	1.063
当期純利益	12,096	24,826	36,521	47,090	57,963	62,617	74,715	83,523
総資産純利益率(%)	23.32	30.12	28.05	24.66	18.20	16.94	23.98	19.97
(貸借対照表関係)								
現金・預金	23,215	39,643	68,992	98,038	75,212	113,027	36,996	139,238
回転期間（月）	4.71	6.28	7.03	6.77	4.25	5.18	1.67	5.97
売上債権	11,034	12,847	18,293	25,213	30,244	36,831	34,825	37,391
回転期間（月）	2.24	2.03	1.86	1.74	1.71	1.69	1.57	1.60
流動資産	35,485	55,726	92,410	132,188	115,320	164,310	91,390	203,342
回転期間（月）	7.21	8.83	9.42	9.13	6.51	7.53	4.13	8.72
有形固定資産	5,816	8,075	11,875	14,015	16,551	16,623	29,184	27,120
回転期間（月）	1.18	1.29	1.21	0.97	0.93	0.76	1.32	1.16
無形固定資産	811	1,646	5,563	11,702	14,684	13,803	18,680	14,950
投資その他	5,660	16,962	20,393	33,067	171,871	174,922	172,295	172,849
回転期間（月）	1.15	2.69	2.08	2.28	9.70	8.01	7.78	7.41
固定資産	12,288	26,683	37,833	58,785	203,107	205,349	220,160	214,920
回転期間（月）	2.50	4.23	3.86	4.06	11.47	9.40	9.94	9.22
資産合計	47,774	82,410	130,244	190,974	318,428	369,660	311,551	418,262
回転期間（月）	9.70	13.05	13.27	13.19	17.98	16.93	14.07	17.94
借入金	0	0	319	208	70,120	50,000	30,000	10,000
借入金依存度(%)	0	0	0.25	0.11	22.02	13.53	9.64	2.39
純資産	30,482	59,806	96,520	143,822	192,385	250,672	236,469	312,273
自己資本比率(%)	63.81	72.57	74.11	75.31	60.42	67.81	75.90	74.66

　表11によると，ヤフー株式会社では，毎期売上高も利益も大幅に伸ばしていて，著しく高い成長率が続いていたのだが，平成21年3月期以降，成長率は一ケタ台に低下し，高かった成長率は一服している感じがある。

　自己資本比率は，平成18年3月期末には75%を超えていたのだが，平成19年3月期には，投資有価証券を中心に，資産を増やしたので，自己資本比率は相対的に低下し，一旦は60.42%に低下した。その後，自己株式を消却して，純資産を820億円減らしているが，毎年の利益による内部留保が多いので，自己

資本比率は増加傾向にあり，平成22年3月期末には74.66％になっている。

平成19年3月期に，投資有価証券を中心に投資その他を一挙に1,386億円増やしたので，平成19年3月期には固定資産，総資産の残高が急増し，回転期間が上昇している。借入金も増えているが，借入金依存度は最高であった平成19年3月期末でも22.02％だし，平成20年3月期以降は，利益による借入金の返済が進んで，借入金依存度は低下を続けていて，平成22年3月期末には2.39％になっている。

次に，表11により，ヤフーの総合評価を行う。

2 総合評価

① 財務安全性

自己資本比率は60％台から70％台で上下しているし，借入金依存度は低くて，財政状態は極めて健全であると評価できる。また，現金・預金の手持額が多く，特に，平成20年3月期末には1,130億円（回転期間5.2か月），同22年3月期末には1,390億円（回転期間5.97か月）も手持ちしていて，資金繰りに対する備えが万全であることが推察される。ただ，現金・預金残高が年度ごとに大きく変動するために，流動資産や総資産合計額までもが，大きく変動し，回転期間が大幅に上下している。そのため，当社の資産効率等を見るためには，まず，現金・預金の変動を念頭に分析を始める必要がある。

固定比率は，一挙に投資その他を大幅に増やした平成19年3月期に100％を超えたほかは，常に，100％以下に収まっていて，固定資産についてのリスクは純資産の範囲内に収まっている。

以上から，この期間を通じて，財務安全性は極めて高いと評価できる。

② 収益性

売上高経常利益率も総資産当期純利益率もともに，極めて高い率で推移していて，増加率も高く，収益性は極めて高い。

第2部　成長企業のリスク分析

③ 成　長　性

　平成20年3月期までは，目覚しい成長が続いていたが，平成21年3月期以降は成長率は一ケタ台に低下していて，今後の趨勢に注意する必要がある。

　なお，ヤフーでは，平成16年3月期から同20年3月期までは，年率22％から55％の極めて高い成長率が続いているが，このような高い成長率を長期にわたって続けることは通常の企業では達成不可能であり，一般論としては，粉飾による売上高水増しが疑われる推移である。ただし，当社の場合は，新しい媒体による広告料収入が飛躍的に伸びているし，大型のM＆Aを繰返して，規模を拡大しているので，この程度の成長率は達成可能と考えられる。

④ 効　率　性

　総資産回転期間が概して長すぎるのは，多額の現金預金を手持ちしていることと，平成19年3月期以降は，投資有価証券を中心に投資を大幅に増やしたためである。ただ，現金・預金残高が年度ごとに大幅に変動するので，流動資産及び総資産回転期間が大幅に変動する点に注意が必要である。

　投資を増やした後に，平成21年3月期からは成長率が低下しており，平成19年3月期の投資が，平成22年3月期までのところでは，フルには寄与していない模様なので，今後の業績にどのように貢献するかを，今後の実績により観察する必要がある。また，平成19年3月期にＢＢモバイルに1,200億円の出資を行って，一挙に固定資産を増やしたのだが，ＢＢモバイルとの業務上の関係が明瞭でなく，投資の目的がよく分からない。

　総資産当期純利益率はきわめて高く，収益性から見た資産効率は極めて高い。

　しかしながら，異常に高い成長率，異常に多額の現金・預金の手持額，異常に多い投資有価証券の購入など，通常の企業なら粉飾を疑わせるような事項が多いし，利益率が高すぎるなど，異常な動きが多い。

⑤ 規　　　模

　毎期純資産が増えていて，平成22年3月期にはAランクに達していて，規模面での問題はない。

第4章 ケーススタディ

● 総　　合

　各年度を通して健全性を維持しており，安全性が高いと評価される。収益性は高く，成長率も高いのだが，平成19年3月期における多額の投資の後に平成21年3月期以降，売上高の成長率が低下していて，現在までのところでは投資の効果が十分には出ていないようである。今後の推移に注意する必要がある。

3　キャッシュ・フローによるリスクの推定

　次に，キャッシュ・フローによるリスク累計額の推定法を当社にも試してみたい。

　表12はヤフーの平成15年3月期から同22年3月期までの営業ＣＦと投資ＣＦの推移と，リスク対象額，リスク累計額などを記載した表である。

　表12によると，平成19年3月期に，投資その他を1,386億円も増やしたことで，投資ＣＦが1,604億円のマイナスになった。

　また，リスク累計額が大幅に膨らんだために，平成19年3月期には，リスク構成比が一挙に63.18％にはね上がり，改訂自己資本比率はマイナスになっている。リスク構成比は平成22年3月期には12.12％にまで低下しているが，売上高の成長率が横ばい状態近くに低下しているので，リスクの累計期間を3年に限定するのは問題であり，平成19年3月期に発生したリスク対象額について，今後の推移を見守る必要がある。

　ただ，平成19年3月期における投資ＣＦの赤字のうち，1,200億円は，親会社ソフトバンクの100％子会社であるＢＢモバイル㈱の優先株を保有したものである。しかし，ＢＢモバイル㈱は，事業は行っていない純粋な持株会社であり，ヤフーとの関係は不明だし，親会社との関係で同社株式のリスク負担がどのようになっているかも不明なので，ヤフーの先行投資と同列に扱って，リスク対象に含めるべきものかどうかに疑問がある。

　しかし，ＢＢモバイルの経営が揺らぐようなことがあると，ソフトバンクグループに与える影響は極めて大きいことが予想されるので，ヤフーでも全損に

第2部　成長企業のリスク分析

表12　ヤフーの営業・投資ＣＦ，リスク対象額等推移表

(単位：百万円)

	15／3	16／3	17／3	18／3	19／3	20／3	21／3	22／3
税調整前当期利益	21,727	41,048	60,730	79,963	101,768	113,989	126,375	140,676
減 価 償 却 費	1,803	3,040	4,531	6,922	8,576	10,179	11,516	10,213
諸 　 調 　 整	2,713	444	864	3,808	7,226	11,837	7,096	5,537
法 　 人 税 　 等	−6,172	−13,849	−20,089	−28,892	−40,417	−51,139	−55,371	−15,844
利 　 益 　 要 　 素	(20,071)	(30,683)	(46,036)	(61,801)	(77,153)	(84,866)	(89,616)	(140,582)
売上債権増減	−6,149	−1,698	−5,034	−6,353	−4,730	−3,894	5,348	−1,625
棚卸資産増減	−7	−8	−62	36	−11	−66	30	56
仕入債務増減	2,586	−3,063	538	1,386	102	5,583	−1,292	2,120
その他資産増減	1,220	−1,475	253	−2,549	−4,127	−4,129	−4,187	−4,126
その他負債増減	1,475	1,328	3,919	5,305	4,232	−2,446	−1,198	3,535
そ 　 の 　 他	470	380	433	−22	91	1,641	−512	−447
運 転 資 本 要 素	(−405)	(−4,586)	(−47)	(−2,197)	(−4,443)	(−3,374)	(−1,811)	(−487)
営 　 業 　 Ｃ 　 Ｆ	19,666	26,147	46,083	59,604	72,710	81,492	87,805	140,095
投 　 資 　 Ｃ 　 Ｆ	−3,778	−10,913	−17,119	−27,532	160,403	−16,981	−53,946	−7,356
運 転 資 産 要 素	−6,156	−1,706	−5,096	−6,317	−4,741	−3,950	5,378	−1,569
リ ス ク 対 象 額	−8,131	−9,579	−17,684	−26,927	156,568	−10,752	−37,052	1,288
リ ス ク 累 計 額	−17,269	−23,502	−35,394	−54,190	210,179	194,247	204,372	−46,516
リスク構成比(％)	−36.15	−28.52	−27.18	−28.38	−63.18	−52.55	−65.60	−12.12
改訂自己資本比率(％)	27.66	44.05	46.59	46.93	−2.76	15.26	10.30	63.54

近い打撃を受けることも考えられ，リスク対象額に含めてある。

第4章　ケーススタディ

ケース4　株式会社アイロムHD

1　はじめに

　次に，東証第一部上場の株式会社アイロムホールディングス（以下，アイロムという）を取り上げる。

　アイロムは，平成15年10月にJASDAQ市場に株式を公開して以来，快調に売上高を伸ばし，先行投資も実施してきたが，平成19年3月期をピークにして，平成20年3月期以降は売上高の横這い状態が続いている。損益の方は，平成19年3月期以降，販売管理費の増加やのれん償却費などが嵩んだし，子会社店舗の統廃合による固定資産の除却損の発生などで，赤字が続いている。

　平成21年3月期には，投資有価証券評価損，貸倒引当金繰入額や減損損失などのために108億円に及ぶ特別損失を計上して，109億円にのぼる当期純損失を出した。

　平成21年3月期における特別損失の多くは，成長が止まったことにより過剰となった先行投資の整理損である可能性がある。もしそうだとすると，成長から，停滞，過剰設備等の整理への3過程を含んでおり，これまでに検討してきた第2部でのリスク累計額の推定法の妥当性を確かめる材料になると考えられるので，最後にアイロムの例を取り上げたものである。

2　アイロムホールディングスについて

　アイロムは平成9年4月に，医療品の臨床試験の受託，仲介を目的として，東京都千代田区に設立され，治験施設支援事業を開始した。

　その後，医療関連スタッフの紹介事業，医療機関等への不動産賃貸，融資，コンサルティング事業を開始した。

第2部 成長企業のリスク分析

表13 アイロムの主要財務数値推移表

(単位：百万円)

	15／3	16／3	17／3	18／3	19／3	20／3	21／3	22／3
（損益計算書関係）								
売　上　高	2,544	3,653	5,773	12,717	14,838	13,726	14,478	13,815
前年比増減倍数		1.436	1.580	2.203	1.167	0.925	1.055	0.954
経　常　利　益	1,006	1,438	1,653	490	−1,378	−275	60	−225
売上経常利益率(％)	39.54	39.37	28.63	3.85	−9.29	−2.00	0.41	−1.63
当　期　純　利　益	530	735	894	480	674	−1,090	−10,884	−731
総資産純利益率(％)	12.43	10.31	9.35	1.75	−2.35	−4.07	−66.13	−5.22
（貸借対照表関係）								
売　上　債　権	70	755	2,493	2,763	3,263	2,948	2,900	2,468
回　転　期　間(月)	0.33	2.48	5.18	2.61	2.64	2.58	2.40	2.14
営　業　貸　付　金	217	543	560	3,387	6,097	6,310	2,483	0
回　転　期　間(月)	1.02	1.78	1.16	3.20	4.93	4.84	1.94	−
棚　卸　資　産	673	1,278	247	1,869	1,673	4,244	1,991	1,542
流　動　資　産　計	2,155	5,048	5,281	15,387	18,221	17,711	7,709	7,400
回　転　期　間(月)	10.17	16.58	10.98	14.52	14.74	15.48	6.39	6.43
固　定　資　産　計	2,108	2,078	4,279	11,989	10,522	9,053	8,749	6,604
回　転　期　間(月)	9.94	6.82	8.90	11.31	8.51	7.92	7.25	5.74
資　産　計	4,263	7,127	9,559	27,376	28,742	26,764	16,549	14,005
回　転　期　間(月)	20.11	23.41	19.87	25.83	23.25	23.40	13.64	12.17
仕　入　債　務	51	52	297	1,717	1,529	1,257	1,514	1,426
回　転　期　間(月)	0.24	0.17	0.62	1.62	1.24	1.10	1.26	1.24
借　入　金	1,437	0	800	5,498	8,069	8,173	7,701	6,453
回　転　期　間(月)	6.78	0	1.66	5.19	6.53	7.15	6.38	5.61
借入金依存度(％)	33.71	0	8.37	20.08	28.07	30.54	46.53	46.08
純　資　産	838	5,654	6,489	16,424	16,042	14,436	3,451	2,481
回　転　期　間(月)	3.95	18.57	13.49	15.50	12.97	12.62	2.86	2.16
自己資本比率(％)	19.66	79.33	67.88	59.94	55.81	53.94	20.97	17.72
（複合指標）								
基　礎　資　金	2,275	5,654	7,289	21,922	24,111	22,609	11,152	8,934
回　転　期　間(月)	10.73	18.57	15.15	20.69	19.50	19.77	9.24	7.76

　平成15年10月にはJASDAQ市場に株式を公開し，同17年1月には東京証券取引所第一部に上場した。

　平成17年7月，医薬品等の製造販売の委受託事業進出を目的として，小林製薬工業株式会社（後にアイロム製薬株式会社に商号変更）株式を取得し，連結子会

社化し，同年11月には，医薬品等の販売事業の効率化のため，株式会社テン・ドラッグの全株式を取得した。

表13は，アイロムの平成15年3月期から，同22年3月期までの主要業績・財務数値の推移表である。

3 アイロムの財務情報による総合評価

表13をもとに，同社の総合評価を行うと，財務安全性では，平成20年3月期までは極めて健全のカテゴリーに属していたが，平成21年3月期には巨額の赤字を計上したことで，平成22年3月期には，6段階中5番目の「脆弱」のカテゴリーに格下げになった。

収益性が低く，最近では赤字続きであること，成長性も，最近は停滞傾向にあって，ジリ貧状態が続いている。

効率性では，平成18年から同19年3月期にかけて，営業貸付金，固定資産（主にのれんと投資有価証券）を大幅に増やしたことで，総資産回転期間は20か月を超えることになったが，平成21，22年3月期に，評価損や減損損失を計上し，貸倒引当金を積み増しすることなどで，過剰資産の整理をし，その結果，平成22年3月期末には，総資産回転期間は12.17か月に低下している。

基礎資金回転期間でも，全く同様の現象が見られる。

収益性の効率も悪いし，効率性についても低い評価しか与えられない。

規模の面でも，6段階中の5番目のEランクであり，以上を総合すると，当社の安全性は低いし，それも悪化の方向に向かっていると考えられる。

表14は，アイロムの平成17年3月期から，同22年3月期までの，営業CF及び投資CFと，リスク対象額，リスク累計額などの推移表である。リスク累計額の計算には，3年間のキャッシュ・フローが必要であり，平成17，18年3月期のリスク累積額の計算には，それ以前のキャッシュ・フローも利用しているが，表14には記載していない。

アイロムでは，利益要素でも，表14の6年間の通算値ではマイナスになって

第2部 成長企業のリスク分析

表14 アイロムのCF推移表　　（単位：百万円）

	17／3	18／3	19／3	20／3	21／3	22／3
税調整前当期利益	1,649	795	−674	−1,025	−10,235	−678
減価償却費	31	189	451	589	608	497
諸　調　整	2	−121	−241	935	10,327	−1,281
法　人　税　等	−445	−800	−576	−87	−93	−49
利　益　要　素	(1,237)	(63)	(−1,040)	(412)	(607)	(−1,511)
売上債権増減	−1,688	1,251	−471	359	47	9
営業貸付金	−43	−2,864	−2,711	563	−645	612
棚卸資産増減	606	9	109	−2,571	−404	450
仕入債務増減	185	−70	−102	−245	259	−115
そ　の　他	−137	−53	−1,040	142	−644	900
運転資本要素	(−1,077)	(−1,727)	(−4,215)	(−1,752)	(−1,387)	(1,856)
営　業　Ｃ　Ｆ	160	−1,664	−5,255	−1,340	−780	345
投　資　Ｃ　Ｆ	−1,653	−4,182	−4,165	−3,122	608	174
運転資産要素	−1,125	−1,604	−3,073	−1,649	−1,002	1,071
リスク対象額	−2,907	−5,597	−1,532	−2,842	214	1,742
リスク累計額	−6,073	−10,066	−10,036	−9,971	−4,160	−886
リスク構成比（％）	−63.53	−36.77	−34.92	−37.26	−25.28	−6.33
改訂自己資本比率	4.35	23.23	20.90	16.68	−4.28	11.39

いる。運転資本要素では，営業貸付金や棚卸資産に多額の資金を投入していて，運転資本要素は平成22年3月期を除いてマイナスになっているので，平成18年3月期以降では，営業ＣＦは平成22年3月期を除いてマイナスになっている。

　投資ＣＦは平成20年3月期までは大幅マイナスの期が続いているが，平成21年3月期以降は投資支出がスローダウンした結果，平成22年3月期にはプラスに転じている。

　平成20年3月期までは，運転資産要素が営業貸付金と棚卸資産の増加を受けて，大幅マイナスになっているので，リスク対象額は平成20年3月期までは大幅マイナスが続いている。

　売上高が平成20年3月期には下降に転じているし，利益面では，平成18年3月期から減益傾向が続き，平成19年3月期からは，当期純損益が赤字に転落しているのに，平成20年3月期までは積極的な先行投資を実施しているので，平

成18年3月期から同20年3月期までは，リスク累計額は，100億円前後の高い金額になっているし，リスク構成比は平成20年3月期末には37.26％に達している。

平成21年3月期には108億円の特別損失を計上しているが，この金額は，平成20年3月期末のリスク累計額に近い金額であることから，将来の趨勢についての読み違いから，リスク累計額が全額過剰投資となって，平成21年3月期に特別損失で整理したと解釈すると，キャッシュ・フローによるリスク対象額の推定法は効果的であると評価できる。

アイロムの総資産回転期間は，平成22年3月期末には12.17か月になっており，この期間が正常回転期間と考えることができる。平成15年3月期末においても，総資産回転期間は20.11か月もあるのだが，これは，この時の現金・預金残高が多かったことや，売上高が少ないことから，全体として，回転期間が実態よりも長く計算されることによると考えられる。特に，売上高が成長過程にあるときには，回転期間の計算に使用する売上高は年間の平均値であるのに，資産等残高は，年度末の一番膨れ上がった残高になるので，実態よりも長く計算される傾向がある。

平成15年3月期末では総資産回転期間は実質的には正常値の12か月に近いものであったのが，平成18年3月期から同20年3月期にかけて大幅に上昇し，平成20年3月末には23.4か月になり，正常値を10か月以上も上回った。10か月を売上高で金額に換算すると114億円になる。以上の仮説が正しいとすると，過剰分のほぼ全額が整理損になったことになる。

アイロムでは，平成21年12月17日付「不適切会計処理について」で，不適切な会計処理についての疑惑を公表し，第三者委員会を設置して，調査に当たらせることを発表したが，平成22年3月12日付調査報告書にて，調査結果の発表があった。

報告書によると，平成17年3月期に，A社，B社，C社，D社から，特定の食品の効能等の調査ないし特定の症状を持つ被験者のスクリーニングを目的とした計6件の臨床試験の受託をしていて，各社から検収書を受領し，平成17年

第2部　成長企業のリスク分析

3月期に1,179百万円，同18年3月期に49百万円の売上を上げている。

この受託契約では，不十分な臨床試験しか行われていないので，報告書は，売上を取り消すべきであるとしている。他にも，売上の計上や計上時期が妥当でない取引があったことや，貸倒引当金を積み増しする必要のあることなどを指摘している。

その結果，平成17年3月期以降の財務諸表の訂正を行っているが，損益での訂正は，既に，過去の期間でも実行されていたのか，最終的に訂正したのは，貸倒引当金繰入による3億円の損失の増加だけである。

表13，14では，上記の訂正による訂正は行っていない。

問題は，アイロムにおいて，十分なコンプライアンス意識が醸成されていなかったことが，不適切会計処理に至った最大の理由であると指摘されていることである。

本件にはホールディング会社及びグループ会社の役員が関与しており，しかも複数の取締役が分担して関与していたし，取引担当者及び経理担当者に，会計処理に関する理解が不十分であり，担当者は，単に取引先からの検収書等の書面を受領しさえすれば，売上を計上してよいと安易に考え，役務の提供が行われていないのに関わらず，売上を計上していた。

また，アイロムと取引先との関係が不自然なものが多く見られた，とのことである。

調査報告書による会計処理の実態などからおして，平成21年3月期に108億円の特別損失を計上したのを，筆者は，先行投資の不良化分を整理したと推定したのだが，不適切会計処理によるものの修正であった可能性もある。

最後に，参考までに，成長産業の模範ともいえる家具販売会社の株式会社ニトリと，粉飾により，成長率を著しく高めていると見られる株式会社プロデュース2社の業績推移表とキャッシュ・フローによるリスク累計額推移表を掲載する。

第4章 ケーススタディ

① 株式会社ニトリ

表15 株式会社ニトリ

(1) 主要財務数値推移表 (単位：百万円)

	16／2	17／2	18／2	19／2	20／2	21／2	22／2
売　上　高	108,777	129,446	156,758	189,126	217,229	244,053	286,186
前年比増減倍数	1.232	1.190	1.211	1.188	1.149	1.141	1.173
経　常　利　益	13,036	15,266	19,034	23,101	26,568	33,969	46,430
売上経常利益率(％)	11.98	11.79	12.14	11.70	11.47	13.92	16.22
当　期　純　利　益	7,779	8,702	10,914	12,434	15,464	18,353	23,828
総資産純利益率(％)	8.86	7.94	7.98	8.02	7.90	9.34	10.92
売　上　債　権	2,974	3,370	5,089	5,957	7,068	9,191	7,040
回転期間(月)	0.33	0.31	0.39	0.38	0.40	0.45	0.30
棚　卸　資　産	10,490	13,469	14,510	15,920	19,726	20,856	23,017
回転期間(月)	1.16	1.25	1.11	1.03	1.11	1.03	0.97
流　動　資　産　計	21,178	25,841	33,794	37,010	41,873	46,081	50,434
回転期間(月)	2.34	2.40	2.59	2.39	2.35	2.27	2.12
固　定　資　産　計	66,616	83,723	103,062	119,210	137,741	150,526	167,951
回転期間(月)	7.35	7.76	7.89	7.68	7.72	7.40	7.04
資　産　計	87,794	109,565	136,856	156,220	179,614	196,607	218,386
回転期間(月)	9.69	10.16	10.48	10.07	10.07	9.67	9.16
仕　入　債　務	7,288	8,775	10,270	11,517	12,675	13,325	13,593
回転期間(月)	0.80	0.81	0.79	0.74	0.71	0.66	0.57
借　入　金	13,996	21,815	32,549	36,805	39,972	38,040	27,406
借入金依存度(％)	15.94	19.91	23.78	23.56	22.25	19.35	12.55
負　債　合　計	35,817	49,194	65,678	71,786	80,656	82,229	84,222
回転期間(月)	3.95	4.56	5.03	4.63	4.52	4.04	3.53
純　資　産	51,964	60,370	71,178	84,434	98,958	114,378	134,164
自己資本比率(％)	59.19	55.11	52.01	54.05	55.10	58.18	61.43
基　礎　資　金	65,960	82,185	103,702	121,239	138,930	152,418	161,570
基礎資金構成比(％)	75.13	75.02	75.79	75.79	77.01	77.52	73.98
3要素総合残高	6,176	8,064	9,329	10,360	14,119	16,722	16,464
回転期間(月)	0.68	0.75	0.71	0.67	0.79	0.82	0.69

　株式会社ニトリは，昭和47年3月家具販売を目的として「似鳥家具卸センター株式会社」として札幌にて設立された。昭和61年には現在の社名に変更し，平成元年9月には札幌証券取引所に上場した。
　その後全国に展開し，東南アジアを中心に海外にも進出している。平成14年

第2部　成長企業のリスク分析

東京証券取引所第一部に上場した。平成22年2月末現在の店舗数は国内212店，海外5店である。

(2)　CF及びリスク累計額推移表　　　　　　　　　　　　　（単位：百万円）

	16／2	17／2	18／2	19／2	20／2	21／2	22／2
税調整前当期利益	13,029	15,203	18,748	22,960	25,602	31,105	41,999
減 価 償 却 費	1,840	2,421	3,128	4,000	4,628	5,333	6,769
諸　　調　　整	−262	267	442	464	1,114	2,472	7,270
法 人 税 等	−4,053	−6,634	−7,311	−8,835	−10,590	−12,092	−14,147
利 益 要 素	(10,554)	(11,257)	(15,007)	(18,589)	(20,754)	(26,818)	(41,891)
売 上 債 権 増 減	−744	−305	−753	−14	−430	−2,448	2,434
棚 卸 資 産 増 減	−54	−2,978	−928	−1,409	−3,805	−1,130	−2,661
仕 入 債 務 増 減	938	1,486	1,434	1,247	1,153	681	−593
そ　の　他	539	175	−1,397	279	1,442	1,268	1,686
運 転 資 本 要 素	(679)	(−1,622)	(−1,644)	(103)	(−1,640)	(−1,629)	(866)
営 業 C F	11,233	9,635	13,363	18,692	19,114	25,189	42,757
投 資 C F	−19,403	−17,946	−21,034	−21,569	−21,096	−20,656	−27,444
運 転 資 産 要 素	−8,170	−8,321	−1,681	−1,423	−4,235	−3,578	−227
リ ス ク 対 象 額	−18,361	−18,808	−19,587	−18,992	−20,703	−18,901	−20,902
リ ス ク 累 計 額		−44,720	−56,756	−57,387	−59,282	−58,596	−60,506
リスク構成比（％）		−40.82	−41.47	−36.74	−33.01	−29.80	−27.71
改訂自己資本比率(%)		14.29	10.54	17.31	22.09	28.37	33.73

　表15(1)によると，自己資本比率は常に50％以上であり，財務安全性は高いし，成長率，利益率ともに高く，優良成長企業と評価できる。

　表15(2)によると，毎年度積極的に先行投資を行っていて，リスク構成比は平成18年2月期には41.47％であったが，その後低下を続けていて，平成22年2月期には27.71％になっている。自己資本比率が高いために，いずれの年度でも，改訂自己資本比率はプラスである。

② 株式会社プロデュース

表16 株式会社プロデュース

(1) 主要財務数値推移表

(単位：百万円)

	16／6	17／6	18／6	19／6	20／6
売 上 高	1,872	3,110	5,885	9,704	16,366
前年比増減倍数	1.870	1.661	1.892	1.649	1.687
経 常 利 益	118	212	594	1,206	1,817
売上経常利益率(％)	6.30	6.82	10.09	12.43	11.10
当 期 純 利 益	70	107	411	780	1,247
総資産純利益率(％)	4.48	5.56	7.57	8.69	8.15
売 上 債 権	773	738	1,424	1,672	5,706
回 転 期 間(月)	4.96	2.85	2.90	2.07	4.18
棚 卸 資 産	38	253	2,081	3,756	3,315
回 転 期 間(月)	0.24	0.98	4.24	4.65	2.43
流 動 資 産 計	1,051	1,291	4,250	6,322	11,633
回 転 期 間(月)	6.74	4.98	8.67	7.82	8.53
固 定 資 産 計	513	633	1,180	2,661	3,665
回 転 期 間(月)	3.29	2.44	2.41	3.29	2.69
資 産 計	1,564	1,923	5,430	8,983	15,299
回 転 期 間(月)	10.03	7.42	11.07	11.11	11.22
仕 入 債 務	501	309	1,078	1,374	754
回 転 期 間(月)	3.21	1.19	2.20	1.70	0.55
借 入 金	340	281	168	2,615	2,385
借入金依存度(％)	21.74	14.61	3.09	29.11	15.59
負 債 合 計	936	727	1,806	4,569	5,619
回 転 期 間(月)	6.00	2.81	3.68	5.65	4.12
純 資 産	628	1,196	3,624	4,414	9,749
自己資本比率(％)	40.15	62.19	66.74	49.14	63.72
基 礎 資 金	968	1,477	3,792	7,029	12,134
基礎資金構成比	61.89	76.81	69.83	78.25	79.31
３要素総合残高	310	682	2,427	4,054	8,267
回 転 期 間(月)	1.99	2.63	4.95	5.01	6.06

　株式会社プロデュースは平成４年６月に新潟県長岡市においてカスタマイズ事業の設計業務を目的として設立された。業容を拡大して，平成17年12月にはJASDAQに上場した。

第2部　成長企業のリスク分析

平成20年9月18日に，架空循環取引を繰り返していたとして証券取引等監視委員会の強制捜査を受け，同9月26日には新潟地裁に民事再生手続開始の申立てを行って，受理された。

表16(1)によると，極めて高い成長率で売上高を増やしているし，順当に利益を計上している。総資産回転期間は11か月台で推移しているし，自己資本比率も平成20年6月期末で63.72％もあり，成長率の高い新興優良会社に見える。

(2)　CF及びリスク累計額推移表

(単位：百万円)

	16/6	17/6	18/6	19/6	20/6
税調整前当期利益	118	191	694	1,223	2,008
減価償却費	31	58	141	204	270
諸　調　整	2	27	36	1	−117
法人税等	−25	−55	−123	−317	−493
利益要素	(126)	(221)	(748)	(1,111)	(1,668)
前渡金等	0	0	0	0	−1,426
売上債権増減	−418	35	−685	−249	−3,879
棚卸資産増減	−9	−215	−1,833	−1,879	513
仕入債務増減	436	−195	769	296	−661
前受金等	0	0	0	0	1,296
その他	18	8	141	−247	90
運転資本要素	(27)	(−364)	(−1,608)	(−2,079)	(−4,067)
営業CF	153	−143	−860	−968	−2,399
投資CF	−407	−196	−681	−1,414	−1,084
運転資産要素	−427	−180	−2,518	−2,128	−4,792
リスク対象額	−803	−318	−3,058	−3,338	−5,606
リスク累計額			−4,170	−6,714	−12,002
リスク構成比(%)			−76.96	−74.74	−78.45
改訂自己資本比率(%)			−10.22	−25.60	−14.73

表16(2)によると，利益要素は毎年プラスが続いているが，運転資本要素は平成16年3月期を除いて，大幅赤字が続いており，粉飾のパターンになっている。投資CFでも赤字が続いているので，リスク累計額は大幅マイナスであり，リスク構成比は70％台の高率が続いている。

第5章

成長企業における その他のリスク

1 成長企業についてのその他のリスク

　これまでは，成長企業の安全性を脅かすリスクとして，将来成長が止まったときに，先行投資が過剰資産や不良資産になるリスクについて，検討してきたが，成長過程にあっても，各種の問題が起こりうる。成長企業について注意を要する問題点の主なものを以下に列記する。

① 売上高水増しの粉飾（見せかけの成長）
② 取引に無理があり，貸倒れやクレームなどの事故が頻発する。
③ 売上高の増加に純資産の増加が追いつかず，自己資本比率が低下する。

上記のそれぞれについて検討する。

2 売上高水増しの粉飾

　高い成長率を長年維持している企業については，まず，粉飾を疑ってみる必要がある。

　最近，循環取引により，継続的に売上高と利益を水増しする粉飾が増えている。

　循環取引による粉飾では，仕入先から商品などを仕入れて，販売先に販売す

第2部　成長企業のリスク分析

る形をとるのだが，仕入先には仕入代金を支払うし，販売先に販売代金を請求して，きちんと回収する形をとるのが普通である。この場合，得意先からの回収や，仕入先への支払いを通常の取引に準じて実行すると，売上債権や，仕入債務は，通常の取引と同じように回転するので，回転期間などに異常が現れない。水増し利益や協力業者への謝礼金などは回収ができないので，売上債権増や在庫増などの結果になって現れるが，この場合でも，循環の速度を速めて，売上高を増やせば，回転期間は上昇することにはならない。

　循環取引を上手に操作すると，財務上のバランスが大きく崩れることなく，売上高と利益を水増しできるので，成長産業と見誤る可能性がある。

　これらの粉飾を見破るカギは，売上高の増加状況などについての常識的な判断である。循環取引による粉飾企業では，通常の企業では考えられないような，高い成長率で，しかも，粉飾が露見して，経営が破綻するまでの間，長期にわたって成長を続けるのが普通である。

　循環取引による粉飾を繰り返して，売上高を水増しした例として，平成19年1月に民事再生法手続き開始を申請した株式会社アイ・エックス・アイ（以下，IXIと書く）を上げる。

　IXIは5年間に売上高を26.6倍に伸ばしたのだが，後日発表された訂正数値によると，平成18年3月期の本当の売上高は，僅か12億円で，実に売上高は34倍に水増ししていたのである。

表17　IXIの売上高推移　　　　　　　　（単位：百万円）

	14/3	15/3	16/3	17/3	18/3
売上高	2,591	5,525	11,347	17,629	40,335
前年度比増減率(%)	1.515	2.132	2.054	1.553	2.288
基準年度比倍数	1.000	1.407	7.490	11.636	26.624
訂正後売上高		1,602	601	875	1,190

　表18は，これまでに本書で取り上げた10社の売上高の伸び率とIXIとを比較した表である。

　表18の，対基準年度売上高倍数は，各社の平成15年3月期（3月期以外の会社

では平成15年に終了した会計期，以下同じ）を基準年度年とし，同20年3月期の売上高の倍数を示したものである。この5年間における平均年間成長率も計算してある。ただ，アリサカでは平成20年3月期の数値が得られないので，平成14年3月期から平成19年3月期までの数値によっている。

リスク構成比は，リスク累計額の総資産中に占める構成比であり，リスク構成比には6年間での最大値をとってある。

表18　成長率とリスク構成比の関係表

	対　基　準　年　度		
	売上倍数 （5年間）	平均年成長率	リスク構成比 絶対値（最大時）
トヨタ自動車	1.643	11.1%	25.4%
ファーストリテイリング	1.893	13.5%	23.5%
ヤマダ電機	2.227	17.3%	41.6%
フタバ産業	2.265	17.8%	35.6%
ヤフー	2.376	18.9%	65.6%
ニトリ	2.424	19.4%	41.5%
アリサカ	2.464	19.8%	37.5%
アイROM	5.395	40.1%	37.3%
ゼンテック	8.850	54.7%	75.2%
プロデュース	16.350	74.9%	78.5%
IXI	26.624	92.8%	

IXIでは，年率92.8％もの高い成長率で売上高が伸びているが，IXI以外の10社では，アイロムの40.1％，ゼンテックの54.7％，プロデュースの74.9％がずば抜けて高い。

IXI以外の10社について，アイロムでは，平成16年5月に合弁会社アイロム・プロスタッフを設立したし，同年7月にはエー・ダブリュー・アイ・メディカルサポートの全株式を取得し，平成18年3月期には，小林製薬工業の株式を取得するなど，業務提携を繰り返して業容を拡大している。したがって，アイロムの高い成長率は，M＆Aの成果に負うところが大きく，通常の企業とは比較しにくいので，比較からは除外する。

プロデュースは，粉飾が公開された後に倒産した会社であり，粉飾の内容な

第2部　成長企業のリスク分析

ど公表されていないが、循環取引の売上高水増しのあったことが報道されていて、比較の対象にはするべきでない。

ゼンテックは成長率が著しく高いのだが、粉飾が発覚して、後に倒産した会社なので、粉飾された売上高での成長率では意味がないと思われるので、比較の対象から除外する。

ＩＸＩ及び上記3社以外の企業では、アリサカの19.8％程度が最高である。アリサカも、粉飾が発覚して倒産した会社であり、売上高の水増しのあったことがことが疑われる会社である。

例外の4社を除く7社について、年度ごとにみると、年間平均で20％以上の成長率が3年間も続いたのは、フタバ産業、アリサカ、ヤフー、ニトリの4社であり、30％以上成長したことのある企業はヤフーだけである。

7社の中で、アリサカは、粉飾により決算数値が歪められていた企業である。フタバ産業は、後に訂正財務諸表を発表しており、これによると、売上高には水増しなどの粉飾はほとんどなかったことになっているが、粉飾と決めつける水増しはなかったにしても、形だけで空虚な売上高で膨らませていた可能性が高い。

ヤフーも、Ｍ＆Ａを積極的に進めて業容を広げたこと、ブロードバンド化の急激な伸張に乗って、インターネット接続事業や電子商取引事業が急速に伸びたこと、など、成長企業の中でも、特殊な事情のあった会社と考えるべきである。

11社の例からは、通常の企業では、20％以上の成長率が3年間以上も続く企業が少ないことが推察される。

さらに、年率30％もの急速で、連続して、売上高が伸びている会社には、特殊な事情がない限り、まず、粉飾による売上高の水増しを疑ってみるべきと考える。

リスク構成比は、成長率が高いほど高くなる傾向があり、高い成長率を維持するためには、多額の先行投資を実行していることが窺える。このため、リスクが高まっていて、リスクの発現にそなえて高い自己資本比率が求められる。

自己資本比率が低いのに，多額の先行投資を実行し，高い成長率を維持している企業は，実力不相応の背伸びをしていて，危険性が極めて高いし，粉飾の疑いも持たれる。

▎3 貸倒れやクレームなどの事故が頻発するリスク

売上高の増加は，新規取引先の開拓や，既存取引先への拡販によるものだが，いずれも，従来の取引に比べて，リスクが高いと考えられる。

新規取引先については，相手先の誠実度や財務内容などが十分につかめておらず，後日，財務内容の劣悪な問題会社であったことが判明するといったリスクが存在する。

既存の取引先との取引が増えるのは，取引の効率上望ましいことだが，リスクも増える。取引が増えたのが，相手先の信用が低下したため，他の取引先が敬遠して納入を減らした分がこちらに回ってきた結果かもしれない。

キャッシュ・フローによるリスク測定において，リスク対象に，運転資本要素や運転資産の増加を含めたのは，このような理由による。

▎4 売上高の増加に純資産の増加が追いつかないリスク

高い成長率を続けるためには，一定の財務的な基盤が必要である。

表18では右端列に，リスク累計額の総資産に占める比率（リスク構成比）を記載してある。この比率は，成長率が高いほど高くなる傾向があるようで，このリスクをカバーするためには，成長率の高い会社ほど，高い自己資本比率を維持する必要があると考えられる。

売上高の増加に応じて，自己資本比率を一定値以上に保つためには，一定の総資産当期純利益率以上の利益率を維持する必要がある。

いま，ある年度末における自己資本比率がAであったとする。売上高倍数はX，総資産純利益率はYで，ともに毎年同じであるとし，純利益はすべて内部

第2部 成長企業のリスク分析

留保に回すとする。純資産回転期間も毎年同じとすると，次の年度においても自己資本比率が前年度と同じであるためには，A÷X＋Y＝Aから，必要最低総資産当期純利益率Yは

　　　$Y = A - A \div X$　となる。……………………………………①

上の①式を使って，まず，アリサカのケースで検討する。

アリサカの現在の自己資本比率を15％とし，年間成長率を20％（1.20倍）として，①式によりYを推定すると，

　　　$15\% - 15\% \div 1.2 = 2.5\%$

であり，総資産当期純利益率が2.5％以上でないと，自己資本比率は低下する。この利益率はアリサカの最近の実績率の2倍以上に当たるので，増資で補わない限り，成長に純資産の増加が追いつかず，自己資本比率は低下を続けることになる。実際には，当期純利益の中から，配当や役員賞与が支払われるので，自己資本比率の低下はさらに大きなものになろう。

利益の不足分を増資で補うと，株式の希薄化の問題が生じるし，有利に増資が実行できるかに疑問があり，アリサカで年率20％もの成長率を続けることには無理がある。

次に，

　　　$X = A \div (A - Y)$　……………………………………………②

から，各社について，現行の総資産当期純利益率が将来も続くとして，自己資本比率を低下させないための，年間成長率Xを，アリサカの例で検討する。

総資産当期純利益率を1％とすると，15％の自己資本比率を引き下げないためには，$X = 1.0714$となり，年間成長率は7.14％以下でなければならない。

ヤマダ電機の例で検討すると，ヤマダ電機で，総資産当期純利益率を6％とし，自己資本比率を40％以下に引き下げないためには

　　　$0.4 \div (0.4 - 0.06) = 1.1765$

から，年率17.65％までの成長率が許容され，実績の17.3％は無理のない成長率である。

表19は，11社のうち，ＩＸＩを除く10社について，現行の成長率が続く場合，

第5章 成長企業におけるその他のリスク

自己資本比率を維持するのに必要な総資産純利益率Yと，現行の総資産純利益率が続く場合において，自己資本比率を今より低下させないための最大の成長率X（売上高前年度比倍数）を計算した表である。

表19　10社の自己資本比率，成長率，総資産純利益率関係表

	自己資本比率	前年度比倍数		総資産純利益率	
	実績	実績	推定値	実績	推定値
トヨタ自動車	35%	1.11	1.17	5.0%	3.4%
ファーストリテイリング	60%	1.14	1.28	13.0%	7.4%(4.9)
ヤマダ電機	45%	1.17	1.18	6.0%	6.5%(5.8)
フタバ産業	47%	1.18	1.08	3.5%	7.2%(6.1)
ヤフー	70%	1.19	1.40	20.0%	11.2%(6.4)
アリサカ	15%	1.20	1.07	1.0%	2.5%
ニトリ	60%	1.19	1.18	9.0%	9.6%(8.0)
ROM	55%	1.40	1.40	15.7%	6.8%(6.1)
ゼンテック	30%	1.55	1.00	0	10.6%
プロデュース	50%	1.75	1.19	8.0%	21.4%(17.1)

総資産当期純利益率右側のカッコ内の数字は，自己資本比率の実績が40％以上の場合，安全性のためには40％もあれば十分であるとの考えから，自己資本比率が40％を上回っている会社について，自己資本比率を40％以下に落とさないために必要な総資産当期純利益率である。

アリサカ及びプロデュース以外の各社では，自己資本比率は，その成長を支えるのに十分な高さを維持しているし，成長率にほぼ見合うだけの総資産当期純利益率を上げている。

アリサカとプロデュースは，総資産当期純利益率が大幅に不足しているし，成長率が許容値を大きく超えていて，危険性が高いことを示している。自己資本比率も低すぎるし，総資産当期純利益率も低すぎて，そもそも，高い成長率を達成するだけの基盤ができていない。

売上高水増しの粉飾で前年度比倍数を高めているから，以上のような矛盾が出てくるのかもしれない。

フタバ産業では総資産当期純利益率が不足しているなど，粉飾をしていたと

第2部　成長企業のリスク分析

言われる3社にだけ，成長率を支える周辺条件に問題のあることになる。

実際問題として，自己資本比率が低く，総資産純利益率が低い企業で，年率20％を超えるような成長を続けることは不可能であり，成長率が高いことだけで，粉飾と決め付けてよいケースが多いと思われる。

5　純資産の中身にも注意を

これまで，リスクに対する引当てとして，純資産の重要性を力説してきたが，純資産の中身にも注意する必要がある。

表20は，表18に掲載した11社について，入手可能の直近5年間における自己資本比率と純資産中の利益剰余金の構成比（内部留保率と呼ぶ）の推移を掲載したものである。ただし，フタバ産業については，不適切会計処理を修正する前の数値によっているので，不適切会計処理が行われていた平成20年3月期までの5年間の数値を記載してある。ＩＸＩも入手可能な平成18年3月期までの数値を記載している。

表20　純資産中利益剰余金構成比率推移表

① トヨタ自動車　　　　　　　　　　　　　　　　　　　　（単位：百万円）

	17／3	18／3	19／3	20／3	21／3
純資産	9,045	10,560	11,836	11,870	10,061
自己資本比率(％)	37.17	36.75	36.33	36.57	34.62
利益剰余金	9,332	10,460	11,765	12,409	11,532
内部留保率(％)	103.17	99.05	99.40	104.54	114.62

② ファーストリテイリング

	17／8	18／8	19／8	20／8	21／8
純資産	182,349	240,479	243,283	264,014	261,413
自己資本比率(％)	66.83	63.34	67.62	65.23	56.43
利益剰余金	184,283	211,135	228,958	259,756	295,442
内部留保率(％)	101.06	87.80	94.11	98.39	113.02

第5章　成長企業におけるその他のリスク

③　ヤマダ電機

	17／3	18／3	19／3	20／3	21／3
純　資　産	175,219	250,122	299,536	327,423	356,452
自己資本比率(%)	46.53	54.22	54.42	43.42	45.79
利 益 剰 余 金	82,383	117,539	158,459	204,864	234,971
内部留保率(%)	47.02	46.99	52.90	62.57	65.92

④　フタバ産業

	16／3	17／3	18／3	19／3	20／3
純　資　産	143,273	153,182	167,862	189,122	198,030
自己資本比率(%)	63.14	57.74	51.61	48.81	47.37
利 益 剰 余 金	113,515	122,351	131,476	142,513	151,641
内部留保率(%)	79.23	79.8	78.32	75.36	76.57

⑤　ヤ　フ　ー

	17／3	18／3	19／3	20／3	21／3
純　資　産	96,520	143,822	192,385	250,672	236,469
自己資本比率(%)	73.76	75.31	60.42	67.81	75.90
利 益 剰 余 金	83,461	126,737	179,897	236,605	223,955
内部留保率(%)	85.11	88.12	93.51	94.39	94.71

⑥　ニ　ト　リ

	17／2	18／2	19／2	20／2	21／2
純　資　産	60,370	71,178	84,434	98,958	114,378
自己資本比率(%)	55.11	52.01	54.05	55.10	61.43
利 益 剰 余 金	35,039	45,359	58,112	72,611	89,425
内部留保率(%)	58.04	63.73	68.83	73.38	78.18

⑦　アリサカ

	15／3	16／3	17／3	18／3	19／3
純　資　産	1,539	1,955	2,554	2,621	2,589
自己資本比率(%)	16.83	19.37	21.43	18.73	15.57
利 益 剰 余 金	535	680	706	749	741
内部留保率(%)	34.76	34.78	27.64	28.58	28.62

第2部 成長企業のリスク分析

⑧ アイロム

	17／3	18／3	19／3	20／3	21／3
純資産	6,489	16,424	16,042	14,436	3,451
自己資本比率(％)	67.88	59.99	55.81	53.94	20.85
利益剰余金	2,194	2,552	1,732	549	−10,429
内部留保率(％)	33.81	15.54	10.80	3.80	−302.02

⑨ ゼンテック・テクノロジー・ジャパン

	17／3	18／3	19／3	20／3	21／3
純資産	6,283	9,249	10,436	6,350	−3,052
自己資本比率(％)	68.29	39.09	42.96	31.68	−49.80
利益剰余金	−27	1,068	1,787	−2,327	−13,958
内部留保率(％)	−0.43	11.55	17.12	−36.65	−

⑩ プロデュース

	16／3	17／3	18／3	19／3	20／3
純資産	628	1,196	3,624	4,414	9,749
自己資本比率(％)	40.15	62.19	66.74	49.14	63.72
利益剰余金	125	232	594	1,424	2,657
内部留保率(％)	19.90	19.40	16.39	32.26	27.25

⑪ ＩＸＩ

	16／3	17／3	18／3
純資産	4,646	5,287	12,375
自己資本比率(％)	67.85	50.05	61.88
利益剰余金	1,297	1,977	3,685
内部留保率(％)	27.91	37.39	29.78

　表20の11社のうち，上から順に6社までは，いずれも自己資本比率が30％を超えているし，トヨタを除くと，すべて40％以上である。その上，内部留保率も，最終年度で見ると，ヤマダ電機の65.92％を最低にして，他の5社は70％以上だし，トヨタ自動車やファーストリテイリングのように100％を超えているところもある。

　これに対して，⑦以下の5社では，アリサカでは自己資本比率がおおむね

20％以下で推移しているし，その他の4社は，自己資本比率が比較的高いのだが，内部留保率は高い年度でも精々30％台であり，内部留保率が極めて低い。

これら5社は，いずれも倒産したか，粉飾が発覚して，大きな打撃を受けた会社である。

フタバ産業でも不適切会計処理が行われていて，1,000億円を超す利益が水増しされていたのだが，当社では，もともと自己資本比率が高く，内部留保比率が高い会社であったために，1,000億円を超える粉飾を整理して，独力で再建に向かうことができたのである。

6 自己資本比率が高くても内部留保の少ない企業には注意を

以上のことから，成長会社では，自己資本比率が少なくとも30％以上でないと，危険性が極めて高いのだが，30％以上でも，内部留保率が低い会社も同様に危険であることになる。

成長率の高い会社では，リスクが高い分だけ，収益性が高くなければならない。内部留保率が低いのは，収益性が上がっていないことを示しており，リスクが高いのに，リスクに見合った報酬が得られていないことを意味する。収益性が低いので内部留保が進まないのに，成長を続けると，総資産が膨らんで，自己資本比率が低下するという悪循環に陥る。

リスクが発現すると，抵抗力が弱いために，倒産しやすい。これまでの苦労は，骨折り損のくたびれもうけがであったことになる。

自己資本比率の低い会社や，自己資本比率が高くても，収益性の伴わない会社は，そもそも成長などを目指すべきではなく，まず，財務基盤を整えてから成長に取り掛かる必要がある。

これまでの検討結果を総合すると，自己資本比率が20％にも満たない会社が，何年間も年率20％以上もの成長を遂げているのは，まず，粉飾による売上高の水増しを疑ってみる必要があることは，これまでに指摘した通りである。

第2部　成長企業のリスク分析

粉飾の証拠が見付からない場合でも，リスクが大きいのに体質が極めて脆弱な会社であり，やがて，経営が破綻する危険性が極めて高い会社として，与信などは慎重に行う必要がある。

第3部で取り上げた成長企業以外の企業でも，トスコ株式会社，株式会社不二家では倒産または事件発生直前期の自己資本比率は30％を超えているが，利益剰余金は両社ともにマイナスであった。

自己資本比率が高くても，内部留保の少ない会社は，収益性の伴わない会社であり，成長過程にない会社でも，期間損失のみならず，リスク発現による臨時損失により，経営破綻に陥る危険性の高いことが推察できる。

7 結論

成長にはさまざまなリスクを伴うので，リスクに対する抵抗力を保持していることが求められる。抵抗力の中で最も重要なのは純資産であり，自己資本比率を一定値以上に維持する必要がある。しかも，成長率が高いほどリスクも大きいと考えられるので，成長率に従って，自己資本比率を上昇させなければならない。

次に，成長によっても，自己資本比率を低下させないだけの収益力が必要である。十分な収益力がないのに成長に注力すると，自己資本比率が低下して，抵抗力が弱まって，財務安全性が低下する。

自己資本比率が十分な水準に達していなかったり，総資産当期純利益率が低すぎる場合には，成長戦略を進めるべきではなく，まず，純資産の充実を図り，収益性を向上させる基礎固めを行った後に，成長戦略の実行に取り掛かるべきであり，急いで成長に乗り出すと，途中で挫折する危険性が高い。

取引先を評価する場合には，企業の総資産当期純利益率が，114頁の①式で推定できる現在の自己資本比率と成長率を維持するために必要な総資産当期純利益率よりも大幅に低い場合には，リスクが大きい危険会社と見るべきなのだが，成長率，自己資本比率，利益率の3要素の間のバランスが崩れている企業

には，どこかに大きな欠陥がある可能性もある。

　十分な利益も得られないのに，リスクが高まるのを承知の上で，売上高を増やすのに企業の精力を傾注して，骨折り損のくたびれもうけの結果になっている。

　不自然な行為として，場合によっては，粉飾をも疑って見る必要がある。

　純資産については，純資産の構成内容にも留意する必要がある。自己資本比率が高くても，資本金と資本剰余金が大部分であり，利益剰余金が少ない会社には注意が必要である。

　利益剰余金が少ない会社には，粉飾により純資産を水増ししている会社が多いし，リスクに対して抵抗力が弱い会社が多い。

ま と め

　本章では，成長企業の安全性を脅かすリスクは，将来成長が止まった場合に，先行投資が過剰資産か不良資産になるリスクが主なものであるとの想定から，直近3年間における先行投資に関するリスク対象額の累計額をリスク累計額とした。リスク対象額は，投資ＣＦと運転資産の増減収支の合計から減価償却費を控除した金額とした。

　資産増減とキャッシュ・フローとはプラス・マイナスが逆になるので，控除するとか，加算するとかの表現は誤解を生むことが多いので，算式で書くと次のようになる。

　　　　リスク対象額＝－（投資ＣＦ＋減価償却費＋運転資産増減収支）

　しかし，投資ＣＦをすべて画一的にリスクの対象にしてよいのか，全額がリスクになるのか，3年間の累計期間が適当か，運転資本要素のリスクを，投資ＣＦのリスクと同一視してよいか，運転資本要素から負債を除外してよいか，などさまざまな問題が残っている。

　また，成長が止まった場合に，リスク累計額のどの程度が，どのようにして損失となるか，などについては突っ込んだ検討はしていない。

　これまでのところ，先行投資が失敗に終わって，経営が破綻した企業の実例が乏しいし，情報も少ないので，現状では上記の諸問題の究明は困難であり，直感的に基準などを設定してきたのだが，今後，事例が出現するごとに，リスクがどうなったかなどを調べて，情報を集積することにしたい。

第2部　成長企業のリスク分析

　これまで，見てきた各社の例では，フタバ産業，トヨタ自動車では，平成20年3月期を境に，平成21年3月期以降，売上高は下降に転じている。ヤマダ電機やファーストリテイリングでも，最近になって売上高の成長がにぶってきていて，成長が止まる兆候が見えてきている。

　これら各社について，成長局面から停滞局面に移行した場合，移行直前期に抱えたリスク累計額が停滞期においてどのように変化するかに注意する必要がある。設備過剰になり，設備の廃棄損や減損などで，リスクが損失に転化するのか，あるいは，操業度が低下して，採算が悪化するが，設備の廃棄までは必要がなく，期間損益の範囲内で処理できるのか，などが，これからの数期間の決算書の分析により分かってくることが期待される。

　あるいは，成長が止まった場合には，先行投資や運転資本要素以外にも，損失をもたらす要因があるか，なども調べる必要がある。

　本書では，成長企業のリスクを，成長過程の途中で測定することだけにとどめ，その後の経緯などは，実際の事例が出てきた後に，事例を精査をして，発表することにしたい。

　第2部の締めくくりとして，成長を続けている企業についてのリスクの測定法を，箇条書きに示す。

① リスク対象額及びリスク累計額を計算し，リスク構成比と自己資本比率と比較して，リスクに対する抵抗力を推定する。

　成長率に見合った財務基盤が整っているかを調べる。満足な財務基盤ができていない企業が，成長路線をとることは，将来，リスクが実現する危険性が極めて高く，失敗に終わることが多い。

　自己資本比率が高くても，利益剰余金が少ない会社には注意が必要である。

② 成長率に見合った総資産当期純利益率が確保できていることを確認する。

　高い成長率に見合った収益力がないと，成長に合わせて自己資本比率が低下して，財務安全性が損なわれることが多い。

③ 借入金の増加状況にも注意する。運転資本の増加やフリーCFのマイナ

まとめ

スを，専ら借入金で調達した結果，借入金依存度が上昇を続けている場合，成長が止まったときに，資金繰りが破綻する危険性が高い。この点については，第3部でも取り上げる。
④　固定比率も，固定資産に関するリスクと抵抗力を測定するのに役立つ。

以下に，成長が続いている企業についての，リスクを推定するためのチェックポイントを紹介する。
○　高い成長率が長期間続いていないか
　・　年率20％を超える成長率が3年以上続いていないか
　・　業種や取扱製商品などからみて，高い成長率が不自然でないか
　・　成長率が，景気の動向とかけ離れていないか
　・　売上高だけが伸びて，利益が増えないために，利益率が毎期低下を続けていないか
　・　急成長が続いているのに，従業員数や経費などがそれほど増えていないことはないか
　・　成長を支える資産などの増加率が低く，総資産回転期間が毎期低下しているなど，売上増との間のバランスが各方面で崩れていないか
○　先行投資のリスク累計額が，純資産を上回っていないか
○　固定資産などの増加のスピードが売上増を上回っていて，回転期間が上昇していないか
○　固定比率が急激に上昇していないか
○　内部留保が成長に追いつかず，自己資本比率が低下傾向にないか
○　売上増に伴う運転資金の増加額の調達を，主に借入金に頼っていて，借入金依存度が高まっていないか
○　固定資産調達のための資金を，主に借入金に頼っていて，借入金依存度が上昇していないか
○　基礎資金回転期間が上昇を続けていないか
○　3要素総合回転期間が上昇を続けていないか

第2部 成長企業のリスク分析

○ 回収先行型の企業では，運転資本での収入超過分を流動性の高い資産などで運用しているか
○ 法制度の変革，需要構造の変化，資源や人材不足など，成長を阻害する要因がふえていないか
○ 重要なクレームや訴訟が起きていないか
○ 国内のみならず海外での競争が激化していないか
○ 特定の事業に偏っていないか
○ 不適切会計処理が行われているなどの風評が流れていないか

第3部

通常企業のリスク分析

　第2部では，成長企業を取り上げたが，第3部では，成長企業以外の，通常の企業，あるいは，停滞状態にある企業についての，リスクの測定法と評価法を検討する。

　成長企業については先行投資のリスクといった目玉になるリスクがあったが，通常の企業では，リスクは多種多様にわたるので，有価証券報告書でのリスクの記述や，経営が破綻した企業の例から，リスクの実態を調べ，その上で，リスクの認識や測定法を検討したい。

　また，設定したリスクのモデル評価法を，経営破綻した企業に当てはめて，その効果を確認するとともに，各社について他の効果的な評価ポイントなどを探る。

はじめに

　第2部では，成長企業について，先行投資のリスクに焦点を絞って，リスクの態様や大きさの検討をした。

　成長企業について，成長が止まった後において，成長期間中に累積されている先行投資についてのリスクを，どのように評価するかが問題になるが，まだ具体的な事例に乏しいので，評価のルールなどを設定するのは困難である。この問題は今後実際におこる事例の研究を通じて解明することとし，今後の課題として先送りすることにした。取り敢えずは，成長が止まった企業として，本第3部で設定するモデル評価法などに従って，評価することになる。

　通常の企業については，リスクの特定が難しく，業種ごと，企業ごとに，それぞれに，何がリスクかを検討して，リスクの種類や大きさを推定しなければならない。

　業績の低迷状態が長く続いて，ジリ貧状態に陥り，最後には，経営継続が困難になるリスクが考えられ，企業にとっては，このようなリスクが最大のものである。ただ，この種のリスクは，すべての企業に共通するリスクだし，リスクというよりは，経営の問題でもある。将来の環境の変化を読んで，経営の方向を変えるなどの経営努力によって，防衛すべきものである。

　したがって，この種のリスクについては，第1部で検討した財務情報による総合評価法により測定する。

　この種のリスクでは，いつまでもだらだらと損失を重ねることはないと考え

第3部　通常企業のリスク分析

られる。損失が継続する中で，企業はリストラや新商品の開発などで，再建に全力を尽くすであろう。少なくとも債務超過になった段階で，企業再編成に持ち込むか，最悪の場合には倒産するなどで，損失の継続に終止符が打たれるのが普通のケースである。

この種のリスクに対しては，純資産がリスクに対する担保になり，自己資本比率が抵抗力の強さを示すことになる。

第3部では，成長企業以外の一般の企業について，リスク対象額を推定し，リスクの最大限度を予想するなど，第2部で設定した成長企業用評価法の一般化を検討する。

次に，第2部で取り上げた会社及び本部で取り挙げる予定の各社からサンプルを選んで，各社が有価証券報告書に挙げている「事業等のリスク」を紹介し，これら会社ではリスクをどのように見ているかから，リスクの実態を探ることにする。

次に，経営が破綻したり，苦境に陥った企業の実例について，本部で設定した評価モデルを適用してその効果を確かめる。さらに，これら事例について，経営破綻などの原因を調べることによって，企業を破綻などに導いたリスクを探り出す。その上で，各事例のリスクを総合して，リスク測定についての一般的なルールのようなものの抽出ができないかを探る。

第1章
リスク評価の一般モデルについて

　成長過程にある企業については，リスクを先行投資についてのリスクに絞って検討したのだが，これには，先行投資以外の資産等については，事業も操業も安定していることが期待できるし，全体として減価償却が進んでいて，リスクが減少している。仮に，損失が発生するようなことがあっても，全体として業績全体が好調であれば，大部分の損失は期間利益で処理できることが前提になっている。

　これに対して，成長が止まった企業や，停滞もしくは衰退傾向にある企業では，すべての事業についてのリスクを考慮する必要がある。

　費用が収益を上回って赤字が続くリスクは，リスクというよりは経営固有の課題でもあるので，第1部の財務情報による統合評価法で評価すればよい。

　上記以外のリスクでは，資産などの減損を伴うことが多い。リスクの発現により業績が悪化して，売上高が著しく減少するケースでは，設備が過剰になって，資産の廃棄や減損処理などが必要になる。その際，操業度不足により操業損失が発生する可能性があるが，これらは，前述の通り，日常の経営問題の1つとしてとらえ，リスクとしては取り扱わない。

　余剰人員の整理のため，特別退職金などの出費が必要になることがあるが，主なリスクは資産に関するものと予想されるので，すべてを資産等のリスクに集約させて考える。

　損害賠償金や特別退職金などのように資産とは関係なしに流出する損失もあ

第3部　通常企業のリスク分析

るが，第2部で説明した通り，これら損失も資産が引当てになっているのですべてを資産に集約させる考えはそれ程無理なものではない。

そこで，第2部での手法と同様に，減損などのリスクの発生が予想される資産等の帳簿価額の合計額を，リスク対象額とし，目下の状況などから常識的に考えられる最大級のリスクが発現した場合に，リスク対象額のどの程度が損失になるかを予想して，リスク予想額を推定する。

負債については，過少表示のリスクが存在する。例えば，多額の損害賠償金の支払いがあるのに，引当金も未払金も計上していない場合などである。損害賠償金の支払いなどは，企業側では予想していないのに，突然発生することがあるので，未払金などを計上していなくても，これを直ちに不適切とすることができない場合がある。いずれにしても，外部の分析者などには，この種のリスクを把握するのは困難なので，ここでは，原則として主に資産についてのリスクを取り上げる。

第2部では，3年間のリスク累計額を考えたが，ここでは，リスク対象の資産などの帳簿残高が問題になるので，リスク予想額と名付けることにする。

リスク対象資産等としては，通常の企業では，売上債権，棚卸資産に固定資産が考えられる。企業ごとに，例えば前払金などで重要性の高いものがあれば，リスク対象に加える。

第2部では，損失をすべて先行投資に集約させて，先行投資の純額全額をリスク対象額としたのだが，先行投資に限らず，投資全額を対象にする場合には，減価償却などでリスク対象金額が減少している。減価償却を必要としない土地などには，減損など考慮する必要のないものも少なくない。

通常の資産についても，実際問題として帳簿価額全額が損失になるようなことは少なくて，一部は転売や，他の目的に転用するなどして，損失を軽減させることも可能と考えられる。

そこで，次のような仮説を想定してリスク評価の一般モデルとする。

最大規模のリスクが発現すると，売上高が大幅に低下して，リスク対象資産の3分の2程度が損傷，滅失したり，過剰資産になる。

第1章　リスク評価の一般モデルについて

　過剰資産の一部は新規事業などに転用できるとし，3分の2程度は売却または除却するものとする。売却除却資産には，不動産などでかなりの金額の回収ができるものから，全損になるものまであって，平均すると帳簿価額の60％程度は損失になるとする。

　結局，整理損は全体のリスク対象資産帳簿残高の40％程度になるので，リスク対象額の40％をリスク予想額とする。

　この予想法では，リスク予想額の資産総額に占める割合であるリスク構成比は30％前後になる企業が多いと思われる。衰退や停滞過程にある企業には，自己資本比率が低い企業が多く，リスクがすべて発現する前に，債務超過になって経営破綻するので，これ以上のリスクを予想するのは実際問題として無意味であることが多いと思われる。

　第2部における財務情報による総合評価において，財務安全性が上から4番目の"やや脆弱"の企業では，リスクが発現すると債務超過になる恐れがあるし，5番目以下のランクの会社では，リスクに対する抵抗力はきわめて低いので，リスクの評価自体が無意味であって，原則的な総合評価だけで留めてよいことになる。

　以上は，仮説に基づいたもので，根拠のあるものではないので，今後の事例研究を通して適切なルールを決める必要があるが，一応の目安として，第4章にて，事例により確かめてみたい。

　リスク構成比を40％に設定したことにより，リスク予想額は資産総額の30％台になる会社が多いと考えられる。したがって，通常のケースでは自己資本比率が40％以上あれば，最大のリスクに見舞われても，債務超過にはならずに耐えられることになり，財務情報による安全性評価で，自己資本比率40％以上を「健全」としたのは，いい線をいっていることになる。

第2章

有価証券報告書に記載されたリスク

　本章では，第2部で取り上げた企業とこれから取り上げる予定の企業を中心に，有価証券報告書に記載された「事業等のリスク」の要旨を紹介する。なお，引用した有価証券報告書は，平成22年5月末までに公表された各社の最近期のものによる。

　一般的で常識的なリスクについては，1社で記載している場合には，他社では，特に特徴的なものでない限り，表題のみを紹介し要旨の記載を省略する。経営固有の問題であり，リスクとはいえないものについても同様である。

ヤマダ電機

(1) 店舗網拡大について

　今後も引続き出店を計画しているが，立地条件のよい土地を適切な価格で確保するのに同業他社と競合になる可能性がある。出店地域での既存店との競争は激しく，拡大に伴う設備費，人件費等の経費の増加が見込まれる。

　地域によっては，飽和状態になっており，新規店舗が既存店舗の収益性に影響を及ぼす可能性がある。また，店舗展開の見直しによって閉鎖された店舗を転貸・売却できない可能性がある。

　店舗拡大を行うには多額の資金が必要になるが，将来，資金調達を円滑に行うことができなくなって，事業計画に支障を来たす可能性がある。

(2) 競合について

家電小売業界は激しい競争環境にある。当社グループは，当業界ではトップに位置しているが，価格競争，出店競争，顧客，人材獲得などさまざまな競争に直面している。また，今後，新規参入企業の登場により競争が激化する可能性や，商品仕入れ競争が激化する可能性も考えられる。もし，このような状況変化にうまく対応できなかった場合，業績や財政状態に悪影響を受ける可能性がある。他社との対抗上販売価格を引き下げて，利益低下，業績悪化に至る可能性がある。

(3) Ｍ＆Ａや提携等に伴うリスク

組織再編やＭ＆Ａ，提携，売却等の実施後において，偶発債務の発生等，予期せぬ問題が起こる可能性がある。また，当初想定していたほどの効果を得られないで，投資金額を回収できない可能性も考えられる。

(4) 規制等について

当社グループにとって不都合な法律及び規則の改正が行われて，製品やサービスに対する需要低下や事業コストの増加等が起こり，業績や財政状況が影響を受ける可能性がある。

(5) 経済動向について

当社グループの売上は大半国内市場に依存しており，国内消費動向の影響を受ける。米国サブプライムローン問題に端を発した世界的な金融危機による経済の混乱や米国の個人消費の低下が日本経済に悪影響を与え，当社が取り扱う高価で高機能な電化製品の価格及び売上が低下する可能性がある。

(6) 季節的要因及び機構的要因，イベント等に伴う需要について

季節的な変動や気候条件，イベント等に伴う不定期な需要，その他商品全般の需要を正確に予測することは困難であり，これらの予測が大きく外れた場合

第 2 章　有価証券報告書に記載されたリスク

には事業，業績及び財政状態に悪影響を及ぼす可能性がある。

(7)　消費者の要望及び嗜好の変化について

消費者の要望や嗜好に即した商品を予測し，十分な数量だけ確保し，提供することが必要であり，もしこれらがうまくいかなかった場合には，業績及び財政状態に悪影響を及ぼす可能性がある。

(8)　店舗網の拡大について

(1)と共通点が多いため省略

(9)　商品の仕入れについて

必要商品を必要な数量だけ適切な価格で仕入れることができる体制を常に整えておくことが重要だが，取引先との関係が変化したり，自然災害等によって商品供給が困難となった場合には，計画通りの商品仕入れが不可能となることがある。

(10)　フランチャイズ経営について

小規模な地域密着型店舗として運営するフランチャイズ店舗を増やしているが，今後も継続的に，立地のよいフランチャイズ店舗を獲得できる保証はない。フランチャイズ店舗数が計画通り増加しない，あるいは減少した場合には，ロイヤリティー収入が減少し，当社グループの業績及び財政状態に悪影響を及ぼす可能性がある。フランチャイズ店舗に関しては，当社グループの完全コントロール下にあるわけではないので，当社グループ基準にそぐわない店舗運営がなされる可能性がある。

(11)　個人情報及びその他機密情報の取扱いについて

ポイントカード発行に関連し，多くの顧客の個人情報を取り扱っている。今後，情報漏洩が起こった場合，当社グループに対する評判が低下し，業績や財

政状況に悪影響を及ぼす可能性がある。

ファーストリテイリング

ヤマダ電機との共通事項が多いので，特徴的な事項だけを取り上げる。

- **経営人材リスク**

    当社代表取締役会長兼社長柳井正をはじめとする企業経営陣は，各担当業務分野において，重要な役割を果たしている。これら役員が業務執行できなくなった場合，当社の業績に悪影響を及ぼす可能性がある。

- **生産の特定地域への依存のリスク**

    商品の大半は，主として中国をはじめとするアジア各国での生産及び輸入によるものである。このため，中国など生産国の政治・経済情勢・法制度に著しい変化があった場合や，大規模な自然災害の発生などにより，商品供給体制に影響を及ぼす可能性がある。

- **海外事業リスク**

    今後，海外事業での売上高比率が高まっていくものと思われるが，各国市場ニーズや商品トレンドの変化などの不確実性や景気変動，政治的，社会的混乱，法規制等の変更などが，当社業績に悪影響を及ぼす可能性がある。

- **為替リスク**

    ユニクロ事業の商品輸入の大半が，米ドル建となっている。将来的に円安ドル高へ為替が大幅に変動し，その状況が長期化した場合，当社業績に悪影響を与える可能性がある。

トヨタ自動車

(1) 市場に関するリスク

① **自動車市場の競争激化**

トヨタはビジネスを展開している各々の地域で，自動車メーカーとの競争に

第2章　有価証券報告書に記載されたリスク

直面している。特に，当連結会計年度後半期以降の金融危機を背景とした世界的な経済の急速な悪化に伴い，自動車市場は縮小し，競争はさらに激化している。また，世界の自動車産業のグルーバル化が進むことによって，競争は今後より一層激化する可能性があり，業界再編に繋がる可能性もある。競争に影響を与える要因としては，製品の品質・機能，革新性，開発に要する期間，価格，信頼性，安全性，燃費，カスタマー・サービス，自動車金融の利用条件等の点が挙げられる。競争力を維持することは，トヨタの既存及び新規市場における今後の成功，販売シェア，財政状態及び経営成績において最も重要である。トヨタは，昨今の自動車市場の急激な変化に的確に対応し，今後も競争力の維持強化に向けたさまざまな取り組みを進めていくが，将来優位に競争することができないリスクがある。

② **自動車市場の需要変動**

トヨタが参入している各市場では，従来から需要が変動してきたが，各市場の状況によって，自動車の販売は左右される。トヨタの販売は，世界各国の市場に依存しており，各市場の景気動向はトヨタにとって特に重要である。金融危機を背景とした世界的な経済の急速な悪化に伴い，特に当連結会計年度後半期以降，トヨタの主要市場である日本・北米・欧州における需要の落ち込みは激しく，トヨタに大きな影響を与えている。このような需要の落ち込みとトヨタへの悪影響は現在でも続いており，この状況と悪影響がいつまで持続し，どのように推移するかは不透明である。今後トヨタの想定を超えて世界経済の減速による需要の落ち込みが継続または悪化した場合，トヨタの財政状態及び経営成績が更なる悪影響を受ける可能性がある。また，需要は，販売・金融インセンティブ，原材料・部品等の価格，燃料価格，政府規制など，自動車の価格及び自動車の購入・維持費用に直接関わる要因により，影響を受ける場合がある。

③ **自動車価格の変動**

―省略―

(2) 事業に関するリスク
① 事業性のリスク
- お客様のニーズに速やかに対応した，革新的で価格競争力のある新製品を投入する能力

　製品の開発期間を短縮し，魅力あふれる新型車でお客様にご満足戴くことは，自動車メーカーにとって成功のカギとなる。世界的な経済悪化により，自動車市場の構造が急激に変化している現在，お客様の価値観とニーズの急速な変化に対応した新型車を適時・適切にかつ魅力ある価格で投入することは，トヨタの成功にとってこれまで以上に重要であり，技術・商品開発から生産にいたる，トヨタの事業のさまざまなプロセスにおいて，そのための取り組みを進めている。しかし，トヨタが品質，スタイル，信頼性，安全性その他の性能に関するお客様の価値観とニーズを適時・適切にかつ十分にとらえることができない可能性がある。また，トヨタがお客様の価値観とニーズをとらえることができたとしても，その有する技術，知的財産，原材料や部品の調達，製造能力またはその他生産に関する状況により，価格競争力のある製品を適時・適切に開発・製造できない可能性もある。計画通りに設備投資を実施し，製造能力を維持・向上できない可能性もある。お客様のニーズに対応する製品を開発・提供できない場合，販売シェアの縮小ならびに売上高と利益率の低下を引き起こすリスクがある。

- 効果的な販売・流通を実施する能力とブランド・イメージの維持

　トヨタの自動車販売の成功は，お客様のご要望を満たす流通網と販売手法に基づき効果的な販売・流通を実施する能力とブランド・イメージを維持・向上に依存する。お客様の価値観または変化に効果的に対応した流通網と販売手法を展開し，ブランド・イメージの維持と更なる向上に取り組んでいるが，それができない場合は，売上高及び販売シェアが減少するリスクがある。

- 金融サービスにおける競争の激化

　—省略—

② 金融・経済のリスク
- **為替及び金利変動のリスク**
　―省略―
- **原材料価格の上昇**
　―省略―
- **金融市場の低迷**

　世界的な金融危機の影響により，現在，世界の金融市場は非常に混乱している。そのため，多くの金融機関や投資家は，その財政状態の悪化により金融市場に資金を供給することが難しい状況に陥っている。その結果，企業がその信用に見合った条件で調達できない場合，トヨタの財政状態及び経営成績が悪影響を受ける可能性がある。

③ 政治・規制・法的手続・災害等に関するイベント性のリスク
- **自動車産業に適用される政府の規制**

　世界の自動車産業は，自動車の安全性や排ガス，燃費，騒音，公害はじめとする環境問題などに関するさまざまな法律と政府の規制の適用を受けている。多くの政府は，価格管理規制や為替管理規制を制定している。トヨタは，これらの規制に適合するために費用を負担し，今後も法令遵守のために費用が発生することを予想している。新しい法律または現行法の改正により，トヨタの今後の費用負担が増えるリスクがある。
- **法的手続**
　―省略―
- **政治動乱，燃料供給の不足，交通機能の障害，自然災害，戦争，テロまたはストライキの発生**
　―省略―

2 フタバ産業

(1) 主要な得意先に関するリスク
　自動車等車両部品が連結売上高の大半を占め，なかでもトヨタ自動車向けの依存度が高く，当社グループの経営成績は自動車業界の動向，トヨタ自動車の生産動向・購買政策などにより影響を受ける可能性がある。

(2) 資材調達に関するリスク
　安定供給の確保に努めているが需給の状況などにより，当社グループの経営成績は影響を受ける可能性がある。

(3) 海外事業展開に関するリスク
　海外生産拠点の拡充に伴って，法律・規制・租税制度の予期しない変更や社会的混乱など，各国における諸事情の変化や為替・金利などの市場動向により，当社グループの経営成績は影響を受ける可能性がある。

(4) 製品の欠陥によるリスク
　当社グループは製品の品質の確保・向上に努めているが，大規模なリコール等につながる製品の欠陥が発生した場合には，当社グループの評価に重大な影響を与え，経営成績に影響を及ぼす可能性がある。

(5) 退職給付債務に関するリスク
　当社では，退職給付制度を採用しているが，退職給付費用及び債務は数理計算上の前提条件，期待収益率により算出されており，実際の結果との相違，前提条件の変更により，当社費用や債務に影響を及ぼす可能性がある。

(6) 市場価格変動によるリスク
　―省略―

(7) 固定資産の減損に関するリスク

生産活動に使用する固定資産は事業採算の悪化などにより，投下資本の回収リスクを負っており，合理的な基準に基づく固定資産の減損処理を行っている。将来，事業採算悪化により更なる減損処理を行うことがある。

(8) 自然災害等によるリスク

―省略―

(9) 継続企業の前提に関するリスク

連結財務諸表において，4期連続で当期純損失を計上している。また，シンジケート・ローンについて財務制限条項に抵触している。当該状況により，継続企業の前提に重要な疑義が生じている。

(10) 手形問題に関するリスク

当社では，平成19年11月に，子会社に対して当社従業員が融通手形1,500万円を無断で振り出し，不正な金融支援が行われていた。その後，手形は回収され，裁断機にかけて処分し，未使用の手形用紙45枚も廃棄処分したとの供述を得ている。発行済の手形に関しては，現在公示催告を申し立てているが，当該従業員が手形を処理したことの確証が得られておらず，万が一手形の所持人が現れた際はその影響を最小限に留めるよう努める。

■ オリエンタル白石

(1) 公共事業への依存リスク

事業内容は主に建設事業であり，概ね公共事業で占めている。国及び地方自治体の公共投資は年々縮小傾向にあることから，公共工事量減少如何によっては業績に影響を及ぼす可能性がある。

(2) 工事用資材の価格上昇リスク

建設工事に使用する主要資材の価格が高騰し，請負金額に反映されない場合には，売上総利益の低下により業績に影響を及ぼす可能性がある。

(3) 取引先の信用リスク

民間企業との契約工事につき，物件引渡後工事代金受領前に取引先が信用不安に陥った場合，貸倒損失の計上により業績に影響を及ぼす可能性がある。

(4) 災害に伴うリスク

天候等の自然災害により工事施工に影響を及ぼす場合があり，工事遅延や工事原価の追加費用が発生する可能性がある。

(5) 法令等に係るリスク

建設事業は，建設業法，建築基準法，労働安全衛生法，独占禁止法等による法的規制を受けており，これらの法的規制に違反するような事態が生じた場合，また，法律の改廃，法的規制の新設，適用基準の変更等があった場合には，業績に影響を及ぼす可能性がある。

現在，独占禁止法の定めに基づく排除勧告を受け，審議案に対し異議申し立てを行っているが，当社の主張が受け入れられない場合，営業停止，指名停止により業績に影響を及ぼす可能性がある。

(6) 瑕疵担保責任及び製造物責任のリスク

当社が施工した建設物に大規模な瑕疵が発生した場合，業績に影響を及ぼす可能性がある。

第2章　有価証券報告書に記載されたリスク

■ アリサカ

(1) 店舗政策等について

① 出店政策について

当社はゲーム店舗をベースとした出店により企業規模を拡大してきたし，今後も新規店舗の出店を計画している。

出店に際しては希望に適う物件の確保ができず計画通りの出店が進まない場合，または予想に反して不採算店となった場合等には，当社の業績は影響を受ける可能性がある。

既存店舗については，ゲーム機器等の設備の更新やリニューアル等による活性化を継続的に行っているが，期待する効果が実現できない場合や予定を上回る設備投資を行う場合には，業績は影響を受ける可能性がある。

② 出店地域について

当社は，これまで宮崎県を中心に地方都市に出店を行っているが，地方都市は市場規模が小さいことから，同業他社との競合のほか，各地の人口動態や景気変動による影響を受けやすく，また，他の商業施設の開設・閉鎖の動向や幹線道路，生活道路等の整備動向や利用状況等により変動しやすい傾向がある。

また，出店地域について，予想外の自然災害等に見舞われた場合には業績は影響を受ける可能性がある。

③ ゲーム施設について

当社のゲーム施設の顧客は，主に10代半ばから30代の学生，社会人等のグループ客及び家族連れが大半を占めており，長期休暇時期である3・4月，7・8月及び12・1月に売上が増加する傾向にある。

人々のレジャーそのものが多様化していることから，他レジャー施設の出退店動向や，ゲーム機器メーカーの人気機器の開発動向，天候，テレビドラマやコマーシャル，人気タレントの趣味・趣向，スポーツ選手の活躍の動向等は，当社のゲーム施設の集客に影響を与える。当社では，安定的な需要の見込めるメダルゲーム機器やプライズ機器，シール機器を中心にしており，さらに各店

第3部 通常企業のリスク分析

舗の顧客特性に応じた機器の機動的な設置や新規機器の導入を図るよう努めている。しかし，顧客の嗜好に合致した機器の導入時期が遅れた場合や十分な台数を確保できない場合には，業績に影響を与える可能性がある。

④ **消費税の動向**
―省略―

⑤ **店舗人員の確保と育成**
―省略―

(2) **財政状態の特徴について**
―省略―

(3) **固定資産及びリース資産について**
―省略―

(4) **法的規制について**
―省略―

雪印メグミルク株式会社（旧雪印乳業株式会社）

(1) 酪農乳業界について

当社グループの主要原料である加工原料乳の取引は，「加工原料乳生産者補給金等暫定措置法」の影響を受け，同法に基づく，限度数量，補給金単価等の変更が当社グループの原料調達等に影響を及ぼす可能性がある。

WTO農業交渉やFTA，EPA交渉において乳製品の関税水準が引き下げられた場合には，当社グループの販売及び原材料調達に影響を及ぼす可能性がある。

(2) 生乳及び乳製品の需給変動について

当社の主原料である国内産の生乳の需給はこれまでも過剰と逼迫を繰り返しており，過剰の場合には製品在庫過多により販売競争が激化し，逼迫の場合には製造量減少により生産効率が低下する。

乳製品の国際需給は，世界経済の変動による需給の増減，旱魃などの異常気象による飼料作物の不作を原因とする製品供給の減少等の影響を受け，大きく変動することになる。

(3) 製品構成について

バターと脱脂粉乳とは同じ生乳を原料としているので，一方の製品を製造すると，もう一方の製品も製造しなければならない。製造と需給のバランスが失われる状況が生じると製品在庫が過剰になる，業績に悪影響を及ぼす可能性がある。

(4) 生産工場の集中について

当社が生産するバター・ナチュラルチーズ・粉乳の大半は北海道内で製造しており，北海道地域での大規模な地震を含む天災やその他火災などにより操業を停止または縮小せざるを得ない事象が発生した場合，当該製品の生産能力が低下し当社グループの業績に悪影響を及ぼす可能性がある。

(5) 販売先の寡占化とメーカー同士の競争の激化について

―省略―

(6) 市場規模の縮小等について

―省略―

(7) 食品の安全性について

食品業界においては，食品の安全性や品質管理が強く求められている。

第3部 通常企業のリスク分析

品質管理に関しては，世界標準のISO9001及びHACCPの考え方を取り入れ，独自の品質保証システムを構築している。しかしながら，仮に品質問題が生じた場合には自主的あるいは食品衛生法等の法令に基づく商品の回収や工場の操業停止，製造物責任法に基づく責務の負担などにより業績や社会的信用に悪影響が生じる可能性がある。

当社グループ固有の品質問題のみならず，国内外においてメラミンや農薬混入，家畜伝染病等の乳食品に関する品質問題や健康問題が発生した場合，さらには問題発生の有無にかかわらずこれらに関する風評が拡大した場合には，当社グループの売上に影響を及ぼし，この結果として業績に悪影響を及ぼす可能性がある。

(8) 法規制について
—省略—

(9) 配合飼料事業について

配合飼料の主要原料である穀物は主に北米大陸から輸入しており，国際穀物市況，海上運賃などの市況変動の影響を受けて価格が変動する。原料価格の変動は製品価格に反映されるが，競争状況等によって製品価格への反映が不十分であったり，遅れたりした場合には，業績に影響を及ぼす可能性がある。

配合飼料価格が上昇した場合，配合飼料価格安定制度により畜産経営者に対して価格差補填措置が採られることになっているが，価格差補填が多額となり基金が枯渇する状態になれば，当社グループによる基金への拠出金が増加し，業績に悪影響を及ぼす可能性がある。

(10) 大規模な地震・火災等の発生ならびに伝染病について
—省略—

(11) **為替レートの変動について**
　　　−省略−

(12) **税務以上の繰越欠損金について**
　当社は，税務上繰越欠損金を有しているため課税所得が発生していないが，将来繰越欠損金が消滅した段階で，通常の税率による納付税額が発生する。繰越欠損金に対して繰延税金資産を計上している。繰延税金資産は，今後の業績動向の変動などにより計上額の見直しが必要となる。これらにより，納税義務や繰延税金資産取り崩しが発生した場合，当期純利益は減少する恐れがある。

(13) **個人情報保護について**
　−省略−

(14) **情報システムについて**
　−省略−

(15) **知的財産について**
　−省略−

(16) **日本ミルクコミュニティ株式会社との経営統合について**
・　平成21年10月1日付けで日本ミルクコミュニティ株式会社と株式移転による経営統合を予定しているが，株式移転に係る手続きは，本有価証券報告書提出日現在において終了しておらず，今後予定通りに進まない可能性がある。
・　当初期待した統合効果を経営統合後に十分に発揮できないことにより，結果として当社グループの業績に重大な影響を及ぼす恐れがある。統合効果の十分な発揮を妨げる原因として以下が考えられる。
　①　製品開発の遅れ，顧客または取引先との関係の悪化，対外的信用の低下，効果的な人員・生産・営業拠点配置の遅延，マーケティング戦略の不統一

等のさまざまな要因により収益面における統合効果が実現できない可能性
②　製品，生産拠点，販売・物流ネットワーク及び本部機構，財務・情報システムの統合等を始めとする重複する業務の効率性向上策・コスト削減策を実現できないことにより，期待通りの業務の効率性向上・コスト削減ができない可能性
③　経営統合に伴う製品，生産拠点，販売・物流ネットワーク及び本部機構，財務・情報システムの統合ならびに従業員の再配置などにより想定外の追加費用が発生する可能性
・ 本株式移転にはパーチェス法を適用することになるが，日本ミルクコミュニティ株式会社の資産について時価評価の結果，のれんの発生が見込まれる。のれんの金額が多額となった場合には当該のれんの償却がのれんの償却期間にわたり発生することになり，業績に悪影響を及ぼす可能性がある。

新日本石油株式会社，石油資源開発株式会社

　ＢＰがメキシコ湾の海底油田で爆発事故を起こし，原油の流出が止まらず，環境を破壊し続けているし，その修復費用や補償，賠償などで，ＢＰにとって致命的な損失になる可能性がある。

　そこで，本書では取り上げてはいないが，新日本石油株式会社と石油資源開発株式会社で，掘削事故などに関連するリスクとして記載している事項に限って，以下に紹介する。

(1)　新日本石油株式会社
・ 生産施設の操業リスク

　当会社グループは，日本及び海外各地に生産施設を有しているが，各生産拠点で発生する自然災害・不慮の事故を原因とする生産活動の停止により，業績の悪化を招く恐れがある。

第2章　有価証券報告書に記載されたリスク

(2)　石油資源開発株式会社
- **当社グループ事業の環境に対する負荷と法的規制**

　　当社グループの事業は，鉱業という事業の特性上，その操業の過程で環境に対してさまざまな負荷を与え，また与える可能性がある。…(中略)…従来，重大な問題が発生したことはない。ただし，世界的な環境意識の高まりに連れて現行の法規制が強化された場合には，対策費用の増加等により，当社グループの経営成績に影響を及ぼす可能性がある。

- **操業に関するリスク**

　　当社グループでは，坑井の掘さく，原油や天然ガスの生産・輸送等の操業に関して，保安体制や緊急時対応策の整備に努めているが，操業上の事故や災害の発生によって人的・物的損害が発生するリスクは常に存在している。こうした事故や災害が発生した場合，その損害の全てを保険によりカバーされるわけではない。直接的な損害だけではなく，販売の中断による収入の減少，販売先に対する損害賠償，環境汚染による損害賠償，行政処分，社会的信用の低下といった副次的な損害をもたらす可能性がある。

　－両社ともに，メキシコ湾におけるＢＰ社の事故のような，会社に壊滅的な損失を与えるリスクは想定していないようである。平成22年3月期の有価証券報告書での記載が注目される。

総　　括

　以上，総合して，新設店舗等の不動産取得や場所選定に当たってのリスク，販売競争上のリスク，商品や原材料仕入れにおける競争のリスク，与信リスク，為替リスクなどが多い。また，個人情報漏洩による信用失墜のリスクを挙げる会社が多いのも注目される。

　上記のリスクは，事業遂行上，いずれの事業にも付きまとう経営上の課題とでもいうべきものであり，取り立てて事業リスクといえないものが多いと思わ

第3部　通常企業のリスク分析

れる。

　法規上の制約や災害等に対するリスクも同様である。

　反面、会社を破滅に導くような本当の意味でのリスクに触れた例は少ないようだ。

　本当の意味のリスクは、誰にも予想できないようなものであり、予想できたとしても、いつ起こるか、どの程度の規模になるかの予想がつかないので、リスクとして定義しにくいのかもしれない。

　また、経営でのその時々の課題として解決しなければならない問題ではあるが、環境の変化などが急激過ぎて、業界や企業でこれら諸問題の取扱いに失敗した場合や、対応に遅れた場合などには、本当のリスクとなって、経営破綻に繋がることがある。

　連結グループ内での不適切会計処理が発見されて、連結財務諸表を過去に遡って訂正する事件が続いていて、今後この種のリスクが増えると思われる。また、トヨタ自動車がリコール問題に関連してアメリカの新聞などからバッシングを受けたことで、米国での販売が鈍るなど、風評が会社の信用を傷つけるなどのダメージを与える恐れもある。

　次章以下では、経営破綻した会社や、不祥事件などを起こした結果、経営不振に陥った会社の事例から、前に設定した評価の一般モデルの効果を試す実験をするとともに、リスクの実態やその影響などを逆探知の方法で探っていきたい。

第3章

ケーススタディ

　本章では，経営破綻した会社や，不祥事などを起こした結果，経営不振に陥った会社の事例から，リスクの実態やその影響などを，逆探知の方法で探っていきたい。

ケース1　オリエンタル白石株式会社

1　はじめに

　最近，黒字倒産が増えている。ここで黒字倒産とは，債務超過にはなっていない段階で倒産することをいう。
　これまでにも，黒字倒産といわれた例は多かったが，よく調べてみると，粉飾により，含み損を隠していただけであって，実際には，既に債務超過に陥っていた例が大部分であり，本当の意味での黒字倒産は皆無に近かった。
　最近は，これまでの常識なら，まだ倒産には余裕があると思われたような企業も，金融機関の貸し渋りにより資金繰りが破綻して倒産する例が増えている。その上，金融機関ではどのような会社を，どのような基準で，黒字のまま倒産させるのかなどについては，まだ，よく分かっていない。

第3部　通常企業のリスク分析

　金融機関が貸し渋りをする場合の基準などが分からないことが多いので，どのような会社が黒字倒産するのかの予想は困難である。

　1年以内に経営破綻の恐れのある会社は，継続企業の前提に関する注記を記載して，事前警告をすることになっているが，黒字倒産では，会社自身が倒産することなど全く考えていないのだから，注記などするはずがない。倒産するはずのない会社が，銀行の気まぐれで融資を打ち切られて倒産するといった感じがする例もある。

　金融機関から見放されて黒字倒産する会社が増えていることから，経営破綻に至るリスクとして，金融機関から見放されるリスクについても取り上げる必要がある。

　そこで，最初に黒字倒産と見られるケースについて，企業の体質などの共通点を探り，どのような会社が貸し渋りの対象になりやすいかを調べることにする。

　まず，金融機関から融資を断られ，大株主の太平洋セメントからも見放されて倒産した，オリエンタル白石株式会社のケースについて検討してみたい。

　太平洋セメントは平成19年3月末において，オリエンタル建設の株式18.65％を所有する大株主であったが，倒産後に全株式を売却している。

　オリエンタル白石株式会社は，倒産直前期の平成21年3月期第2四半期末においても，153億円の純資産を残しており，自己資本比率も17.1％であって，黒字倒産であったと見られる。

　オリエンタル白石株式会社は，平成20年10月に，プレストレスト・コンクリート工事を主業とするオリエンタル建設株式会社が，株式会社白石を吸収合併して，商号をオリエンタル白石株式会社に変更してできた会社である。コンクリート橋梁の上部工工事を主業とするオリエンタル建設と，下部工工事を得意とする白石の合併により，両社のコンクリート橋梁についての勝れた技術を統合し，橋梁の上下部一体工事における優位性を生かした受注確保を図ったものである。あるいは，白石の経営が外観以上に悪化していて，白石を救済する目的もあった可能性がある。

合併の1年余り後の平成20年11月26日に，東京地裁に会社更生法を申請して倒産した。平成20年12月31日には会社更生手続開始の決定を受け，同22年2月22日には，更正計画の認可を受けている。

平成19年3月期までの，オリエンタル建設株式会社及び白石株式会社のそれぞれについて，財務情報による総合評価を行い，最後に，合併後のオリエンタル白石株式会社の財務内容と，倒産の原因などを検討する。

2 オリエンタル建設について

昭和27年10月，内閣資源局長官であった松井春生氏が，フランスのフレシネー特許工法の実施を目的に，オリエンタルコンクリート株式会社を東京都において設立した。

事業の主なものは，土木・建築工事の設計施工と，関連部材製品の製造販売であり，全国の各地に事務所及び製造工場を順次配置していった。

平成2年3月には商号をオリエンタル建設株式会社に変更，同7年4月には東京証券取引所第二部に上場，同8年9月には第一部に指定されている。

表1は，平成13年3月期から，合併直前期の同19年3月期までの，オリエンタル建設の主要損益及び財務数値の推移表である。

第3部　通常企業のリスク分析

表1　オリエンタル建設の主要財務数値推移表　　（単位：百万円）

	13／3	14／3	15／3	16／3	17／3	18／3	19／3
売　　上　　高	84,582	84,783	73,184	77,922	74,384	62,914	68,023
前　年　度　比		100.2	86.3	106.5	95.5	84.6	108.1
経　常　利　益	3,523	2,151	1,725	2,000	1,211	302	−1,828
当 期 純 利 益	1,343	882	385	423	430	−30	−1,433
総資産純利益率	1.70	1.18	0.53	0.64	0.70	−0.05	−2.32
売　上　債　権	23,254	24,678	21,134	17,088	14,594	19,487	17,105
回 転 期 間(月)	3.30	3.49	3.47	2.62	2.35	3.72	3.02
棚　卸　資　産	16,256	12,963	15,418	14,047	11,467	11,020	13,656
回 転 期 間(月)	2.31	1.83	2.53	2.16	1.85	2.10	2.41
流 動 資 産 計	56,093	51,715	48,981	42,572	38,149	39,189	39,260
回 転 期 間(月)	7.96	7.32	8.03	6.56	6.15	7.47	6.93
固 定 資 産 計	23,025	22,964	23,152	23,323	23,331	22,681	22,424
回 転 期 間(月)	3.27	3.25	3.80	3.59	3.76	4.33	3.96
固 定 比 率(％)	89.79	88.27	89.66	93.48	92.50	88.77	95.80
資　　産　　計	79,118	74,680	72,133	65,896	61,480	61,871	61,684
回転期間　(月)	11.22	10.57	11.83	10.15	9.92	11.80	10.88
借　入　　金	0	10	0	0	0	0	0
借入金依存度(％)	0	0.01	0	0	0	0	0
純　　資　　産	25,643	26,017	25,823	24,950	25,224	25,551	23,408
自 己 資 本 比 率	32.41	34.84	35.84	37.86	41.03	41.30	37.95
リ ス ク 対 象 額	−62,535	−60,605	−59,704	−54,378	−49,392	−53,188	−53,185
リ ス ク 予 想 額	−25,014	−24,242	−23,882	−21,751	−19,757	−21,275	−21,274
リスク構成比(％)	−31.6	−32.5	−33.1	−35.4	−32.1	−34.4	−34.5

表1をもとに，同社の総合評価を行うと，次の通りとなる。

① **財務安全性**

自己資本比率は，平成18年3月期末には41.3％，同19年3月末期で38％と健全からやや健全のカテゴリーを維持している。その上，無借金経営が続いていて，財政状態は堅固である。

ただ，平成18年3月期には同14年3月期に比べ，売上高が25.8％低下しており，公共事業に対する依存度が高い当社では，当面，低迷の続くことが予想されるところから，事業規模縮小のための構造改善費用などが含み損になっている可能性があり，自己資本比率はかなり割り引いて評価する必要がある。

固定比率は全期間を通して100％以下であり，固定資産を対象にしたリスクは，全額が純資産でカバーされている。

② 収 益 性

平成15年3月期以降は，総資産当期純利益率は1％を割り込んでいるし，平成18年，19年3月期には当期純利益は赤字に転落している。

特に，平成19年3月期は，営業損益の段階から18億円を超える赤字を計上している。平成19年3月期の損失は，合併を前にして，過去のウミを出したものと推察されるが，会社側では，競争の激化による利益率の低下を赤字の理由に挙げており，収益力自体も大きく低下していることが窺われる。

③ 成 長 性

売上高は，低下傾向が続いているし，損益は期ごとに大幅に悪化していて，平成18年3月期以降，赤字に転落しており，平成19年3月期には，14億円の当期純損失を計上している。

売上高のみならず損益も下降傾向を続けている。

④ 効 率 性

総資産回転期間はおおむね10か月から11か月台で推移していて，効率は正常に見えるし，大規模な粉飾の兆候は見当たらない。ただ，採算面では効率が悪く，特に平成18年3月期以降は赤字が続いている。

⑤ 規　　　模

毎期，Cランクを維持しているが，Dランクに近いCランクであり，規模面では多少物足りないが，合併により，規模の利益の得られることを期待しているのであろう。

● 総 合 評 価

財政状態は堅固で，現在は財務安全性に問題がないが，業績の低下傾向が続いているし，平成18年3月期以降は赤字に転落するなど，安全性の将来には不安が持たれる。

特に，当社が得意とするのは高速道路高架橋工事など主に公共工事であり，景気刺激策により，一時的にはうるおうことがあっても，長い眼で見て，公共

第3部　通常企業のリスク分析

工事予算は削減の方向が続くと考えられるので，構造的にも，将来は必ずしも明るくはない。当社だけなら，技術力もあり，実績もあるし，財政状態にもまだ余裕があるので，現状維持程度はできる力はあると考えられるが，より体質の悪い白石と合併した場合，規模の利益や，相乗効果が期待できるが，荷物が重すぎて，共倒れになる恐れもある。

● リスク評価

リスク評価では，リスク構成比が常に自己資本比率以下に収まっていて，まずは安全と評価できる。

3　白石について

白石は，昭和8年に東京において，潜函ならびにシールド工事その他の設計施工を目的に，白石基礎工事合資会社の名称で設立された。

その後，大型ビルの基礎工事をはじめ，工場施設，港湾，橋梁等の分野に実績を重ね，昭和13年には株式会社に組織替えを行った。昭和58年には現社名に商号を変更した。

全国展開をして規模を拡大し，平成3年1月には日本証券業協会に店頭売買銘柄として登録をした。平成10年3月には東京証券取引所第二部に上場している。

表2は平成13年3月期から同19年3月期までの，白石の主要な損益及び財務数値の推移を示した表である。

第3章 ケーススタディ

表2 白石の主要財務数値推移表

(単位:百万円)

	13/3	14/3	15/3	16/3	17/3	18/3	19/3
売 上 高	65,423	65,712	64,901	57,289	56,135	49,548	46,888
前年度比増減		100.4	98.8	88.3	98.0	88.3	94.6
経 常 利 益	711	937	599	1,393	686	810	396
当 期 純 利 益	160	130	−571	279	−1,055	343	−90
総資産純利益率(%)	0.25	0.18	−0.94	0.52	−2.08	0.67	−0.17
売 上 債 権	24,009	26,654	18,293	16,870	18,367	19,783	18,795
回 転 期 間(月)	4.40	4.87	3.38	3.53	3.93	4.79	4.81
棚 卸 資 産	10,257	13,936	11,960	13,186	8,151	9,463	14,270
回 転 期 間(月)	1.88	2.54	2.21	2.76	1.74	2.29	3.65
流 動 資 産 計	47,063	54,046	44,891	37,955	36,093	36,000	40,053
回 転 期 間(月)	8.63	9.87	8.30	7.95	7.72	8.72	10.25
固 定 資 産 計	17,979	17,437	16,113	15,936	14,711	14,957	11,454
回 転 期 間(月)	3.30	3.18	2.98	3.34	3.14	3.62	2.93
固 定 比 率(%)	344.49	348.32	374.29	312.10	318.90	260.08	227.22
資 産 計	65,042	71,484	61,005	53,491	50,803	50,958	51,508
回 転 期 間(月)	11.93	13.05	11.28	11.20	10.86	12.34	13.18
借 入 金	30,634	33,667	30,091	24,322	21,534	20,234	16,769
回 転 期 間(月)	5.62	6.15	5.56	5.09	4.60	4.90	4.29
借入金依存度(%)	47.10	47.10	49.32	45.47	42.39	39.71	32.56
純 資 産	5,219	5,006	4,305	5,106	4,613	5,751	5,041
自己資本比率(%)	8.02	7.00	7.06	9.55	9.08	11.29	9.79
リスク対象額	−52,245	−58,027	−59,704	−45,994	−41,229	−53,188	−44,519
リスク予想額	−20,298	−23,211	−23,882	−18,398	−19,757	−16,492	−17,808
リスク構成比(%)	−32.1	−32.5	−38.7	−34.4	−32.1	−32.4	−34.6

表2をもとに,同社の総合評価をすると次の通りとなる。

① **財務安全性**

　自己資本比率は,平成18年3月期末を除いて,一ケタ台の水準で推移していて,常に,著しい過小資本の状態にある。それに,オリエンタル建設と同じで,平成14年3月期から同19年3月期の間に売上高が28.3%も低下している。表3の通り,これまでに毎年多額の特別損失を計上していて,構造改善に努めていることが窺えるが,不十分であって,含み損が残っている可能性もある。借入金依存度は,平成15年3月期の49.32%から,平成19年3月期には32.56%に低

下しているが，これは，仕入債務などの借入金以外の債務を増やしたためであり，負債に多くを依存するという構造的な欠陥は改善されたわけではない。

　金融機関からの締め付けが厳しいために，仕入債務などに対する依存度を高めたものとすると，資金繰り面では，相当苦しい状態になっていたと判断するべきと考えられる。

② 収益性

　白石では1年おきに赤字を計上している。それも，黒字の年度の利益は少額だし，赤字の年度の赤字が大きいので，平均すれば，当期純損益は多額の赤字になっていて，早くから，構造的にも赤字体質に陥っていた可能性もある。

　白石では経常損益は毎年黒字を続けている。当期純損益が赤字の年度が多いのだが，表3に示したとおり，赤字は主に，固定資産売却・評価損と退職金支払いなどの特別損失の計上によるものである。

表3　白石の特別損失の内訳表　　　　　　（単位：百万円）

年度	固定資産売・除却損	投資有価等売却損	関係会社関連損失	貸倒関連損失	退職金	その他	合計
13／3	18	202	3	51	38	42	354
14／3	160	546			298	39	1,044
15／3	179	462		385	68	25	1,119
16／3	219	15	88	340	307	219	1,188
17／3	1,671	15	9	159		48	1,901
18／3	161	3		131	62	38	395
19／3	1,812	64		230	51	160	2,316
合計	4,220	1,307	100	1,296	824	571	8,317

　長期にわたって蓄積された含み損を，徐々に整理しているのだとすると，当座の業績は悪化しているが，体質は良化していて，整理が終われば，収益性が向上する可能性がある。

　白石については，資産整理や退職金支払いなどで，多額の構造改善費用や損失の発生すること予想されるのだが，表3による白石の特別損失の中に，構造改善費用がいくら含まれているかが問題であり，将来，大きな損失が計上されるリスクを考慮する必要がある。

固定資産関連の損失計上により，過剰固定資産などが整理されて，含み損が減少しているし，退職金支払いは，主にリストラのための費用であって，その分だけ，損益体質が改善に向かっている可能性がある。

当期純損益での赤字が続いているが，経常損益の黒字が続いていることから，経常的な収益力は維持できていると考えることもできるが，長期間にわたって多額の特別損失が計上され，その結果，常に，当期純利益が赤字になるのなら，特別損失は経常的なものであり，実質的には経常的にも赤字体質になっていたと考えるべきかもしれない。

ただ，白石の収益性は低いが，これは建設業者全般についていえることであり，当社だけが特に収益性が低いとはいえない。

③ 成 長 性

売上高は，低下傾向が続いているし，当期純損益は平均すれば赤字体質に陥っているなど，収益力の低下と相俟って，将来の安全性に危惧が持たれる。

④ 効 率 性

総資産回転期間には上昇傾向が見られ，平成19年3月期末には13か月を超えているが，これは，急激な売上高の低下にも関係があり，この時点では効率性が低下したなどの結論はだせない。しかし，収益性が低下して，赤字の期間が多いことから，収益面での効率性に欠陥のあることは否定できない。

⑤ 規 模

DランクとEランクの間を上下していて，安全性の支えになる規模ではない。

● 総 合 評 価

表4で分かるとおり，純資産は合併直前の平成21年3月期第2四半期末には，債務超過ぎりぎりの197百万円にまで減少している。損益は赤字基調に陥っていることから，債務超過に陥るのは時間の問題と見られる。しかも，売上高の低下傾向が続いていて，赤字幅がさらに膨らむことも予想されるので，このままでは，早晩経営が破綻する危険性が高い。

● リスク評価

財務安全性は，自己資本比率が一ケタ台で，5番目のランクに相当するので，

リスクに対する抵抗力は極めて弱い。

4 合併後の業績等

両社の合併日は平成19年10月1日であり，平成20年3月期は，上半期は合併前，下半期は合併後のものになる。表4では，平成20年3月期上半期については，オリエンタル建設及び白石それぞれの数値を記載してあるが，平成20年3月期通期では，合併後の両社合算の数値が記載されているのみなので，各社の個別の数値は分からない。

また，平成20年3月期下半期の数値は，通期の数値から上半期の両社合算数値を引いて計算したもの故，両社分を合算したものになっていて，両社個別の数値は分からない。

表4　平成20年3月期以降の業績等

（単位：百万円）

	20/3 上半期			20/3 下半期	20/3 通期	21/3 上半期
	オリエンタル	白石	両社計			
売上高	20,952	17,711	38,663	50,874	89,537	59,982
営業利益	−2,271	−3,187	−5,458	−543	−6,001	313
当期純利益	−2,186	−4,567	−6,753	−2,979	−9,732	18
総資産	64,351	41,822	106,173	96,933	96,932	89,091
回転期間(月)	18.43	14.17	16.48	11.43	6.50	8.91
借入金	3,000	22,939	25,939	16,725	16,725	15,926
借入金依存度(%)	4.66	54.85	24.43	17.25	17.25	17.88
純資産	20,833	197	21,030	15,392	15,392	15,264
自己資本比率(%)	32.37	0.47	19.81	15.88	15.88	17.13

合併初年度の平成20年3月期において，オリエンタル白石は9,732百万円の当期純損失を計上した。平成20年3月期の損益では，合併前の上半期の損失が著しく多い。

建設業者では通常では，売上高が下半期に集中するので，上半期は売上高が少ないし，利益が少ないのが普通であり，通期で黒字でも，上半期が赤字のことが多い。それに，この時期においては，公共事業予算の削減や，入札制度の

改革などにより，同業者との競争が激化したし，入札での受注単価が下落して，建設業者の損益は軒並みに悪化していた。鋼材など資材価格の暴騰なども採算の足を引っ張ったので，大幅赤字を計上したのは当社だけではない。

それにしても，両社の平成20年3月期の上半期の損失額が多すぎるし，平成20年3月期の赤字の61.7％の6,001百万円が，営業損益段階での損失であることも問題である。オリエンタル建設では，合併前の平成19年3月期上半期においても2,271百万円の営業損失を出していることと合わせて考えると，公共事業の減少などに伴い，構造的に収益力が大幅に低下して，経常段階で赤字体質に転落したことも考えられる。

あるいは，これまでに累積された含み損を，この期に整理したことも考えられる。

新生のオリエンタル白石は，合併後2年目の平成21年3月期には，1,200百万円の営業利益と，280百万円の当期純利益を計上する予想になっている。

表4に示した通り，平成21年3月期第2四半期までの実績では，313百万円の営業利益と，18百万円の当期純利益を計上している。下半期に売上高が集中する建設業者の特質を考慮に入れると，平成21年3月期通期の予想値は，達成可能の数値と考えられるので，合併が軌道に乗って，正常な営業状況に移ったことが推察される。

多額の損失を計上したにもかかわらず，オリエンタル白石では，平成21年3月期末の純資産は15,264百万円も残っており，自己資本比率は17.13％である。この自己資本比率は，一般の標準では低すぎるが，建設業界では特に低いという数値ではない。スーパーゼネコンの一社である鹿島建設でも，平成20年3月期末における自己資本比率は15.6％であり，オリエンタル白石の方が上である。

平成20年3月期の多額の経常損失の計上が，構造的なものであれ，含み損の整理による一時的なものであれ，財政状態にまだ余裕があって，短期間内に倒産するとは考えにくい。

仮に，平成20年3月期の当期純損失97億円と同程度の損失が，今後も続くとして，153億円の純資産を食い潰して，債務超過になるまでには，1年半以上

の余裕がある。そのためか，オリエンタル白石では，倒産に至るまで継続性の前提に関する注記を記載していない。

5 結論

　オリエンタル白石は，銀行から融資を断られた結果，黒字倒産した。

　同社では，年度末に工事代金の回収が見込めるものの，期中は協力会社に対する支払いが先行して発生し，多額の運転資金が必要になる。このため金融機関から工事未払金等の支払いのために運転資金の融資を受けていた。しかし，米国のサブプライムローンに端を発した信用収縮により金融機関の融資姿勢はきわめて厳しくなり，平成20年11月末の必要資金について，融資の目途が立てられない状況になった。

　結局，平成20年11月末において約18億円の資金不足に陥る見込みとなったので，会社更生手続開始の申立てに至ったとのことである。

　銀行がオリエンタル白石に対する融資を断った理由には，次のようなものが考えられる。

① 　白石，オリエンタル建設は，ともに公共事業受注の比率が極めて高いことから，銀行が将来を悲観的に見たのかもしれない。特に白石では，談合の発覚により国土交通省関東地方整備局から，平成19年6月12日から同年8月10日までの60日間営業停止命令を受けている。

　　しかし，建設業者は概して公共事業受注の比率が高いし，談合の発覚で課徴金を課せられたり，営業停止の処分を受けた会社は多い。他にも銀行が見放すべき会社が多数あるのに，財務内容が比較的良好な当社が倒産して，財務内容がずっと悪い他の建設会社が生き残っているのが納得できない。

② 　白石では合併直前の平成20年3月期上半期においても46億円もの赤字を出しているが，この結果，純資産は約2億円にまで減少した。本当はもっと多額の含み損があったのを，債務超過にならないぎりぎりのところで，

含み損整理を打ち切ったのかもしれない。

③　平成19年3月期及び同20年3月期に，オリエンタル建設では，連続して多額の赤字を計上しているが，オリエンタル建設でも含み損を隠していて，合併に当たって，含み損を整理したことも，考えられる。白石のみならず，オリエンタル建設にも粉飾があって，両社で含み損を隠していたとすると，金融機関は，両社における粉飾体質に嫌気がさして，早々に支援を打ち切ったのかもしれない。

　オリエンタル建設では，筆頭株主であった太平洋セメントとは，業務面でも密接な関係があったと思われるのに，オリエンタル白石の倒産後早々に，当社の株式全株を売却しているのは，オリエンタル白石で株主の信頼を失うような行為があったのかもしれない。

いずれにしても，金融機関から融資を断られて資金繰りが破綻する，黒字倒産が増えているのが事実とすると，今後の企業のリスク評価においては，金融機関に融資を断られて倒産するリスクを重視する必要性が増している。

金融機関の斬り捨てによる黒字倒産については，斬り捨て方針などに関する金融機関の傾向や態度などが，まだはっきりしていないので，今後の事例の分析結果を積み上げて，知識を蓄積していく必要がある。

金融機関では，安全性などの現状とともに，将来性をも重視しているようであり，その際には，企業の構造面に注目しているようだ。

現在，財務的にはそれ程悪化はしておらず，債務超過になるまでには，まだ余裕があるような企業でも，収益性の構造が悪く，将来改善が見込めない企業は，早い目に整理することが考えられる。

業界全体の業績が低迷しており，同業者中ではまだ，ましな方だという考えは，最近の金融機関には通用しないと考える必要がある。構造的に財政状態が脆弱だし，収益性が低くて，改善の期待が持てない会社は，整理の対象になると考えるべきである。

黒字倒産の予知には，企業の損益及び財務面での体質に注目する必要があると考えられる。企業の財務体質などは，簡単には変えられるものでなく，体質

の悪い会社は改善が難しく，大きな不況に見舞われたり，不測の事態が発生した場合などには，簡単に倒産することが多いからである。金融機関でも，現在は赤字でも，まだ，資産超過の状態にあり，将来，回復して，経営が改善される見通しのある企業を見捨てるようなことはないと考えられる。

今後の総合評価においては，財務安全性とともに，収益性，成長性，効率性についての評価に一層の重点をおく必要がある。収益性の将来については，順調な期間が長く続いているからといって，将来も順調とは判断できないが，長期間，収益性が悪く，停滞傾向が続いている企業は，将来も同じ傾向の続くことを前提に評価をする態度が必要である。疑わしきは罰す，の態度で評価する必要がある。

6 追 記

オリエンタル白石株式会社では，フェニックス・キャピタル株式会社の支援のもとに，再建に向かって進んでおり，平成20年12月に更生手続開始決定を受け，同22年2月には更生計画の認可が決定している。

平成20年4月1日から同年12月31日の更生手続開始決定までの期間を第57期とし，平成21年1月1日から，更生計画認可決定日の平成22年2月28日までの14か月間を第58期とし，平成22年5月31日付にて第58期の有価証券報告書を提出している。

第57期については，第2四半期までの四半期報告書は公表しているが，その後の決算書は公表されていないし，有価証券報告書も，金融商品取引法施行令第4条4項に基づく「有価証券報告書の提出を要しない旨の承認」を受けているので作成されていない。

平成20年10月1日から同年12月31日までの決算書が欠落しているが，第56期から第58期までの入手できる限りの主要財務数値を対比させたのが表5である。なお，第58期には，連結財務諸表は作成されていないので，この期の数値はいずれも個別財務諸表によるものである。

第3章　ケーススタディ

表5　第58期実績によるオリエンタル白石の含み損調査

	第56期 (19/4～20/3)	第58期 (21/1～22/2)	注　記
（損益計算書）			
売　上　高	89,537	108,372	
経　常　利　益	−6,454	18,421	
特　別　利　益	1,114	32,484	内債務免除益29,288
特　別　損　失	1,877	32,026	内財産評定損27,267
当　期　純　利　益	−9,732	18,797	
（貸借対照表）			
売　上　債　権	26,532	27,746	
棚　卸　資　産	27,597	3,939	
流　動　資　産　計	63,356	56,756	
有　形　固　定　資　産	17,230	10,007	
無　形　固　定　資　産	5,570	110	
投　資　そ　の　他	6,970	2,518	
固　定　資　産　計	29,785	12,637	
資　産　合　計	93,142	69,393	
仕　入　債　務	29,487	12,447	
短　期　借　入　金	11,518	4,000	
未　成　工　事　受　入　金	16,150	3,453	
完　成　工　事　保　証　引　当　金	92	101	
工　事　損　失　引　当　金	3,872	2,033	
1　年　内　更　生　債　権		6,053	
流　動　負　債　計	66,168	32,624	
更　生　債　権	0	19,086	
長　期　借　入　金	4,265	0	
退　職　給　付　引　当　金	4,884	4,657	
固　定　負　債　計	11,588	24,569	
純　資　産　計	15,386	12,200	

　表5によると，第58期末の純資産額は12,200百万円だが，当期純利益18,797百万円が加わっているので，第58期中に配当などの社外流出がなく，自己株式や評価・換算差額等に変動がなかったとすると，前期の第57期末の純資産額は，6,597百万円の債務超過であったことになる。

　第57期第2四半期末の純資産額は15,264百万円のプラスなので，第57期第3四半期の3か月だけで，21,861百万円の損失を計上したことが推察される。

第3部　通常企業のリスク分析

　第57期第2四半期までの連結情報では，6か月間の当期純利益は18百万円の利益であり，通期では280百万円の純利益を計上できる予想になっていた。

　この食い違いは，第57期の通期の損益計算の内訳が不明であり，食い違いの原因など推察するほかないが，含み損要素の整理などによるものなら，オリエンタル白石では，倒産時で約200億円以上の含み損を抱えていて，実際には，第56期末においても，債務超過になっていたことが推察される。

　この推察が当たっているのなら，表面的には黒字倒産に見えるが，実際上は債務超過になっていたし，収益性も，公表値よりもずっと低かったことが推察され，金融機関が融資を打ち切った理由が納得できる。

　さらに，第58期において224億円の売上総利益と184億円の経常利益を計上しているが，通常の事業からはこのような多額の利益を稼ぐだけの収益力があったとは思えないので，何らかの特別利益が含まれていると思われる。

　含み益が売買益となって売上総利益を嵩上げしているとすると，第57期末には，債務超過額を上回る含み益があって，実質的には債務超過でなかったことも考えられる。

　しかしながら，第58期には320億円の特別損失を計上しており，第57期における損失の内容とともに不明な点が多いので，オリエンタル白石が倒産時に債務超過であったかなどの結論を出すのは困難である。

　ただ，第58期における320億円の特別損失のうち，273億円は財産評定損であり，そのうち，完成工事未収入金116億円と，未成工事支出金78億円，開発事業支出金10億円，合計204億円は，遅延損害金33億円とともに，清算を前提とした評価損失などではなく，継続企業を前提とした損失と思われるので，債務超過であった可能性が高いと思われる。

第3章 ケーススタディ

ケース2　トスコ株式会社ほか

　オリエンタル白石に続いて，長期間にわたって業績悪化の状態が続いた末に倒産したトスコ株式会社ほか3社のケースを紹介し，これら各社に共通する体質の弱さなどを検討する。

1　トスコ株式会社

　トスコ株式会社は，大正7年に設立された麻糸紡績会社であり，昭和36年以来，東京，大阪証券取引所の第二部に上場している。

　表6はトスコの平成元年3月期から，倒産直前の平成20年3月期までの売上高，経常利益，総資産，純資産の推移と回転期間などを示した表である。

　トスコでは，平成元年3月期の売上高は244億円であったが，その後，売上高は下降傾向を続けており，平成20年3月期には，平成元年3月期の28.4%の69億円になっている。平成2年3月期から，大部分の年度で経常損益の赤字が続いており，早くから，経常ベースでの赤字体質に陥っていたことが推察される。その結果，当期純損益での赤字が続いているが，主に，不動産の売却益を計上するなどの，潤沢にあった含み益の吐き出しにより，債務超過に陥るのを回避して来たが，株価は低下を続け，平成15年4月には25円にまで下がっている。

　平成16年11月に，新規事業として，ディーゼル排ガスに含まれる粒子状物質及び窒素酸化物を捕集して除去するDPF（微粒子除去装置のこと）用のセラミック繊維フィルターの開発に着手することを発表した。

　この発表後，株価が急上昇したし，伊藤忠グループとの提携が実現し，同グループから20億円の出資を受けた。

　平成20年3月期には，経常損益は568百万円の赤字になったが，自動車運転

第3部　通常企業のリスク分析

表6　トスコの主要業績・財務数値推移表

(単位：百万円)

年　度	売上高	売上高指数	経常利益	当期利益	総　資　産	自己資本
1／3	24,380	100.0	860	105	28,199(13.9)	7,096(25.2)
2／3	20,570	84.4	−204	19	30,641(17.9)	7,008(22.9)
3／3	20,957	86.0	−2,767	−1,555	27,595(15.8)	5,693(20.6)
4／3	19,138	78.5	−2,144	−1,166	26,192(16.4)	4,527(16.4)
5／3	16,389	67.2	−2,922	−1,885	25,982(19.0)	2,641(10.2)
6／3	16,133	66.2	−2,612	485	22,817(17.0)	3,127(13.7)
7／3	16,493	67.6	−2,430	142	21,348(15.5)	3,276(15.3)
8／3	15,628	64.1	−1,878	−1,739	20,956(16.1)	1,538(7.3)
9／3	16,935	69.5	−1,886	−1,477	21,778(15.4)	−730(−3.5)
10／3	15,397	63.2	−1,166	−905	22,477(17.5)	186(0.8)
11／3	13,196	54.1	−1,004	117	16,780(15.3)	409(2.4)
12／3	13,426	55.1	−649	694	22,793(20.4)	4,292(18.8)
13／3	11,606	47.6	−330	−4,178	19,273(19.9)	158(0.8)
14／3	12,344	50.6	686	745	18,447(17.9)	808(4.3)
15／3	10,620	43.6	−315	−545	16,278(18.4)	419(2.6)
16／3	10,542	43.2	28	53	16,116(18.3)	487(3.0)
17／3	10,315	42.3	33	752	13,461(15.7)	1,254(9.3)
18／3	8,738	35.8	−310	−212	12,640(17.4)	3,247(25.7)
19／3	8,049	33.0	−716	−88	11,640(17.4)	2,438(20.9)
20／3	6,929	28.4	−568	999	9,388(16.3)	3,380(36.0)

（注）　総資産右側のカッコ内は総資産回転期間（月），自己資本右側は自己資本比率（％）

学校の用地を売却して，売却益を特別利益に計上したために，当期純利益は999百万円の黒字になった。その結果，平成20年3月期末の純資産額は3,380百万円になったし，自己資本比率は36％になった。

　しかし，ＤＰＦ事業は商業化の見通しが立たず，開発は失敗に終わった。含み益を食い潰した結果，スポンサーからも見放され，金融機関からは融資を断られて，平成20年5月30日には会社更生手続開始の申立てを行って倒産した。同社では，平成3年3月期から同7年3月期までは毎年20億円を超す経常損失を計上していたが，平成13年3月期以降は，リストラの効果があってか，経常損失は圧縮されていて，最大の平成19年3月期でも716百万円である。

　今後，仮に，毎年10億円の当期純損失を出しても，債務超過に陥るまでに3年以上の余裕がある。

第3章　ケーススタディ

　19年間も損失を垂れ流し，売り食いで生き延びてきたのだが，最後の虎の子の不動産を手放し，社運をかけた新事業も失敗に終わったため，自己資本比率が36％もある段階で，金融機関から見放されて倒産したのである。

　オリエンタル白石のケースでは，過去2年間大幅赤字が続いたが，黒字に転換の目途が付いた段階で倒産したものなので，金融機関が融資を断った理由が，必ずしも納得できるものではない。

　しかし，トスコの場合には，19年間も赤字体質が続いているし，新規事業の開発にも失敗したのだから，将来性に希望が持てないとして，自己資本比率が36％もあるのにかかわらず，融資を断った金融機関の判断は理解できる。

　債務超過になるまでには，まだ，余裕があっても，赤字体質に陥っていて，改善の見込みが立たない企業は，今後も，金融機関から見放される可能性のあることを示している。

　なお，トスコ株式会社の倒産については，拙著「最近の逆粉飾」平成21年9月，税務経理協会刊で詳しく解説している。

　金融機関が将来性のない企業を早い段階で見捨てる傾向が出ているのは，債権者にとって，利益になる可能性がある。

　トスコは黒字倒産であっても，清算を前提に資産の評価をすると，1,551百万円の債務超過になるとのことである。もし，もっと早い段階で再建を諦めて廃業をしていれば，債権者には迷惑をかけずにすんでいたし，株主にも応分の配当ができていたと思われる。

　トスコ自身が廃業の決心がつかない場合でも，納入業者などの取引先が金融機関の先を読んで，将来性のない企業から撤退することは，与信管理上も必要なことだし，納入業者では，得意先を早い目に入れ替えることによって，得意先の質を全体として高めることができる可能性がある。

　得意先は企業にとって，収益性の将来を左右する生命線であり，得意先の成長と繁栄につれて，企業の業績も伸びていくのであり，将来性のない得意先が多いと，貸倒れの事故が増えるだけでなく，業績が低迷し，ジリ貧になる可能性が高い。

第3部　通常企業のリスク分析

2　神戸生絲，南海毛糸紡績のケース

　トスコの場合には，19年間も経常損益の赤字基調が続いた末に，36％の自己資本比率の状態で倒産したのだが，一昔前の同様の倒産をみると，全く様相が違っている。

　例えば，平成15年2月20日，神戸地裁に民事再生法適用の申請をした神戸生絲株式会社では，表7で示した通り，少なくとも平成5年12月期から同14年12月期までの10年間にわたって，当期純損益の赤字を続けた。

表7　神戸生絲の売上高，当期利益，総資産，自己資本推移表

（単位：億円）

年度	売上高	当期純利益	資産合計	資本
5／12	105	−0.42	108(12.3)	18
6／12	98	−2.69	109(13.3)	16
7／12	91	−1.05	104(13.7)	15
8／12	94	−1.85	105(13.4)	14
9／12	84	−1.10	93(13.3)	12
10／12	75	−3.71	92(14.7)	9
11／12	75	−10.90	98(19.7)	12
12／12	50	−7.95	82(19.7)	−9
13／12	40	−4.94	75(22.5)	−14
14／12	35	−5.12	66(22.6)	−19

　表7の資産合計の右側のカッコ内は総資産回転期間（月）である。

　平成14年12月期の売上高は同5年12月期に比べ33.3％にまで落ち込んでいる。平成12年12月期には債務超過に陥って，その後も債務超過額は増加していったのだが，平成15年2月までは，金融機関も融資を続けたのか，なんとか資金繰りをつけてこられたようだ。

　10年間欠損が続いたのだが，平成4年12月期以前の決算書が手元にないので，

記載をしていないが，実際にはもっと以前から赤字が続いていたのかもしれない。

平成5年3月28日に大阪地裁に民事再生法を申請した南海毛糸紡績株式会社も，神戸生絲と似た動きをしており，平成5年10月期から同14年10月期までの間において，平成6年10月期1期間だけ除いて，残りの9期間ではすべての期間で当期純損益が赤字である。売上高は平成5年10月期の98億円にくらべ平成14年10月期には37.8％の37億円に低下している。ただ，当社の場合，土地と有価証券について合計19億円の評価増を行っているため，平成14年10月期末でも，9億円の自己資本が残っており，自己資本比率は13.6％であった。

一応は黒字倒産の形になっているが，神戸生絲と同様に，総資産回転期間が著しく上昇していて，倒産直前期には両社ともに22か月前後に上昇している。両社ともに，売上高が著しく低下しているし，再評価により資産簿価を膨らませたことも斟酌する必要があるが，それにしても22か月は長すぎて，粉飾を疑ってみる必要がある。その結果，南海毛糸紡績でも，既に実質的には債務超過に陥っていたことが推察される。

3 三平建設株式会社のケース

三平建設株式会社は，天保年間（1830年代）に三河の国の平吉が江戸で創業した木材商が起源であり，昭和18年には，法人化され，株式会社三平興業になった。

昭和60年には，建築部門を分離して，現在の三平建設株式会社が設立され，三平興業から従業員及び資産・負債を引き継いだ。総合建設業のほかに，兼業として不動産業を営んでいた。

平成3年には株式を店頭登録し，平成16年12月にはJASDAQに上場した。

同社では，平成12年3月期に，不動産，関係会社や工事関係の整理のために，317億円の特別損失を計上したが，金融機関から217億円の債務免除を受け，30億円の債務の株式化により，債務超過を免れている。

第3部　通常企業のリスク分析

　同社では，再建後暫くの期間は増収が続いたが，平成15年3月期をピークにして，平成16年3月期以降売上高は下降に転じた。それでも，平成16年3月期では223百万円の当期純利益を上げているし，純資産は17億円の資産超過であり，自己資本比率は10.2％となっていて，ぎりぎりながら損益も，純資産も黒字を続けていたのだが，平成20年7月24日に民事再生手続き開始の申請を行って倒産した。

　表8は，三平建設の主要業績・財務数値の推移表である。

表8　三平建設主要業績・財務数値推移表　　（単位：百万円）

	15／3	16／3	17／3	18／3	19／3	20／3
売　上　高	72,135	52,594	37,531	31,275	28,202	32,134
経　常　利　益	715	122	476	292	209	187
当　期　純　利　益	286	−8,516	278	438	469	223
売　上　債　権	26,806	12,788	12,510	12,982	12,691	11,655
回　転　期　間(月)	4.46	2.92	4.00	4.98	5.40	4.35
棚　卸　資　産	12,615	5,799	1,864	1,449	2,973	1,655
回　転　期　間(月)	2.10	1.32	0.60	0.56	1.27	0.62
固　定　資　産	30,776	3,088	2,374	2,675	1,595	919
回　転　期　間(月)	5.12	0.70	0.76	1.03	0.68	0.34
資　産　合　計	76,923	28,286	21,344	19,726	20,241	17,041
回　転　期　間(月)	12.8	6.45	6.82	7.57	8.61	6.36
仕　入　債　務	19,793	12,003	9,394	8,576	9,206	6,940
回　転　期　間(月)	3.29	2.74	3.00	3.29	3.92	2.59
借　入　金	45,904	10,691	8,197	6,000	6,550	6,918
借入金依存度(％)	59.68	37.80	38.40	30.41	32.36	40.60
純　資　産	7,496	1,565	1,787	2,597	2,780	1,732
自己資本比率(％)	9.74	5.53	8.37	13.17	13.73	10.16
リスク対象額	−70,197	−46,873	−16,748	−17,106	−17,259	−14,229
リスク予想額	−28,079	−18,749	−6,699	−6,842	−6,904	−5,692
リスク構成比(％)	−36.5	−66.28	−31.4	−33.8	−34.1	−33.4

　三平建設では，平成15年3月期の売上高721億円から4年後の平成19年3月期には，売上高は39.1％の282億円に低下している。

　トスコが19年もかかって売上高を28.4％にまで低下させたし，神戸生絲や南海毛糸紡績では，売上高が30％台にまで減少するのに10年程度を費やしている

のに対して，三平建設の減収速度は異常に早いのだが，これが最近の停滞産業に属する企業の特徴でもある。

　三平建設では，減収が続くのを，経費の削減により耐えて当期純利益を計上し続けているが，肝心の収益力の回復がないので，経費の削減だけでは，やがて限界に達する。

　三平産業のもうひとつの特徴は，平成12年3月期に過去のウミを損失に計上し，金融機関の債務免除や負債の資本化などを受けて，再建の途についたのだが，その後も，売上債権や総資産回転期間の上昇が続いていて，不良資産の発生が続いていることである。

　当社の倒産は，平成20年5月に経営破綻したマンション業者の興大に14億円，同年6月に倒産したケイ・エス・シーに6億円の債権があり，連鎖倒産の疑いもあるが，資産内容が悪い体質が改善できなかったことが倒産の原因であったと推察される。

　一度は，金融機関に救済されたのだが，収益性や財務体質の欠点は改善されておらず，このままでは再建は困難として，金融機関から見捨てられて倒産したものと推察される。

4　チェックポイントの紹介

　まとめとして，純資産が黒字であっても，金融機関による整理の対象になりやすいと考えられる会社の体質を次に掲げる。

- 自己資本比率がそこそこに高くても，長期間赤字体質が続いているのに，改善の抜本策を打ち出せずにいる会社

　　金融機関の融資姿勢が厳しくなっていることから，5年間も経常損益の赤字が続いたら，再建の切り札でも持っていない限り，将来性はないと判断するべきである。

　　業績悪化のスピードが速まっており，金融機関でも，早めに結論を出すようになっているので，まだ大丈夫だろうという考えは禁物であり，体質

的に再建が難しいと判断される場合には，早々に見切りをつけて，手を打つことが肝心である。

● 長期間売上高の低下が続いていて，回復の兆しが見えない会社。

売上高が数年の間に，5割，あるいはそれ以上も低下しているのに，リストラによる経費節約で，黒字を維持しているのは不自然と思わなければならない。

また，これまでは，リストラで何とか黒字を維持してきたが，それも限界に達していて，間もなく終局をむかえる予兆なのかもしれない。

● 含み益に胡坐をかいて，経営改善が遅れている会社
● 過去に粉飾を行った経歴がある会社や，現に粉飾が疑われる会社
● 不況業種で将来の展望が見出せない業界に属する下位の企業
● 談合が摘発されたり，贈賄事件などを繰返している会社

ケース3　株式会社プロパスト

1　はじめに

　次に，平成22年5月14日，東京地裁に民事再生法の手続き適用を申請した不動産開発業者株式会社プロパストのケースを取り上げる。

　プロパストは，昭和62年12月に，東京都多摩市において，個人向け不動産の管理を目的として，株式会社フォレスト・アイの商号で設立された。

　平成3年1月，株式会社プロパストに商号を変更し，千代田区に本店を移転した。

　その後，新築戸建住宅やマンションの開発・分譲などの不動産開発事業に参入，平成8年2月にはオフィスビル賃貸を開始し，賃貸その他事業にも参入した。

　平成17年6月には，土地再開発，収益不動産再生を目的とした資産活性化事業に参入した。

　平成18年12月JASDAQ証券取引所に上場した。

　平成20年5月期までは，バブル景気に乗り，売上高を大幅に伸ばし，業績を伸ばしていったが，リーマンショック後のバブルの崩壊に伴い，平成21年5月期には売上高も下降に向かい，266億円の当期純損失を計上したし，17億円の債務超過に陥った。

　平成22年5月期も苦難の経営が続いており，22年2月の第3四半期までに347億円の当期純損失を計上して，債務超過額は364億円にまで膨らんでいる。通期の予想でも，同程度の当期純損失を予定している。

　平成22年5月14日には，東京地裁に民事再生法の手続き適用の申請を行った。

　表9は，プロパストの平成17年5月期から同21年5月期までと，同22年5月期の第3四半期までの，主要業績及び財務数値の推移を記載した表である。

第3部　通常企業のリスク分析

表9　プロパスト主要業績／財務数値推移表

(単位：百万円)

	17／5	18／5	19／5	20／5	21／5	22／2 (9か月)
売　上　高	23,414	42,904	80,406	110,783	85,563	26,592
前年度比増減倍数		1.832	1.874	1.378	0.772	
営　業　利　益	1,356	5,185	13,424	22,595	−16,026	−33,432
売上高営業利益率(％)	5.79	12.09	16.70	20.40	−18.73	−125.72
当　期　純　利　益	753	1,777	4,901	10,932	−26,596	−34,705
総資産当期純利益率	1.90	2.14	3.44	6.17	−32.55	−154.61
売　上　債　権	9	27	100	220	16	25
棚　卸　資　産	29,766	72,914	130,387	161,428	79,861	21,719
同上回転期間(月)	15.26	20.39	19.46	17.49	11.20	7.35
棚卸資産集中率	75.22	87.71	91.50	91.06	97.74	96.76
流　動　資　産	34,779	77,830	136,884	172,793	81,040	21,945
同上回転期間(月)	17.83	21.77	20.43	18.72	11.37	7.43
固　定　資　産	4,792	5,303	5,608	4,488	670	502
同上回転期間(月)	2.46	1.48	0.84	0.49	0.09	0.17
資　産　合　計	39,571	83,133	142,493	177,282	81,711	22,447
同上回転期間(月)	20.28	23.25	21.27	19.20	11.46	7.60
借　入　金	31,476	66,440	114,055	129,923	69,089	46,715
同上回転期間	16.13	18.58	17.02	14.07	9.69	15.81
純　資　産	1,614	3,413	16,226	26,409	−1,706	−36,412
同上回転期間(月)	0.83	0.96	2.42	2.86	−0.24	−12.32
自己資本比率(％)	4.08	4.11	11.39	14.90	−2.09	−162.21
リスク対象額	−34,567	−78,244	−136,095	−166,136	−80,463	−22,246
リスク予想額	−13,827	−31,298	−54,438	−66,454	−32,185	−8,898
リスク構成比(％)	−34.9	−37.6	−30.7	−37.5	−39.4	−39.6

（注1）　平成22年2月期は第3四半期9か月の期間の数値なので，回転期間は売上高を12か月に換算して計算してある。
（注2）　棚卸資産集中率は，総資産中に棚卸資産の占める比率のことである。

　表9によると，プロパストでは，平成20年5月期までは，著しい売上高の増加が続いているし，利益も，年々目覚しく増えていて，純資産は増加しているが，総資産も大幅に増加しているために，自己資本比率は平成20年5月期においても14.9％に過ぎない。

　平成21年5月期には，売上高は下降に転じ，巨額の当期純損失を計上したために，たちまち債務超過に陥ってしまった。

平成20年5月期までは，収益性は高いし，高度の成長を遂げているが，プロパストの平成20年5月期までの業績の活況は，当時のバブル景気の恩恵によるものであり，バブルの崩壊とともに当社の経営も破綻してしまった。

2 バブル汚染企業の特徴

プロパストの企業評価に当たっては，まず，プロパストはバブル汚染企業であることを認識する必要がある。

バブル汚染企業には，財務情報による総合評価は無意味である。バブル汚染企業は，厳密な意味での継続企業ではなくて，バブル期だけの期間に限った時限企業だからである。

プロパストでは，決算書を公開するようになった平成17年5月期でも298億円の棚卸資産を保有していて，棚卸資産回転期間は15か月を超えている。ただし，年間2倍近くに売上高が伸びている時期には，年度末の残高による回転期間は，実際よりも長く計算される傾向がある。

売上高の増加に従って棚卸資産も増加し，平成20年5月期には棚卸資産は平成17年5月期の5.4倍の1,614億円に増えているし，回転期間も17か月を超えた。

プロパストだけではなく，当時の不動産開発業者は，軒並みに，棚卸資産を増やし，棚卸資産だけで回転期間は10か月はおろか20か月を超える企業もあった。

表10は，今回の不動産バブルに汚染された不動産開発会社で，バブル崩壊により倒産した5社の倒産前4期間の主要財務数値の推移表である。

第3部 通常企業のリスク分析

表10 倒産不動産開発会社財務分析表

	売上高	純利益	総資産	棚卸資産	集中率	借入金	純資産
レイコフ							
16／8	1,244	277	2,477	1,688	68.1	1,521	597
			23.9	16.3		14.7	5.8
17／8	3,301	531	6,186	3,707	59.9	3,871	1,615
			22.5	13.5		14.1	5.9
18／8	17,666	1,109	8,869	12,473	66.1	11,535	5,089
			12.8	8.5		7.8	3.5
19／8	23,913	1,863	28,237	22,301	79.0	19,412	5,968
			14.2	11.2		9.7	3.0
スルガコーポレーション							
17／3	56,456	4,011	90,941	69,162	76.1	50,481	20,046
			19.3	14.7		10.7	4.3
18／3	73,650	9,036	108,768	79,341	72.9	70,754	28,531
			17.7	12.9		11.5	4.6
19／3	80,811	13,043	193,444	141,303	73.0	125,476	50,418
			28.7	21.0		18.6	7.5
20／3	125,877	19,774	124,292	105,376	84.8	57,461	54,512
			11.8	10.0		5.5	5.2
ゼファー							
17／3	67,209	5,062	80,579	46,569	57.8	39,913	16,339
			14.4	8.3		7.1	2.9
18／3	95,707	8,208	118,807	51,101	43.0	35,641	45,997
			14.9	6.4		4.5	5.8
19／3	127,969	11,714	182,938	119,213	65.2	92,497	49,168
			17.2	11.2		8.7	4.6
20／3	108,172	6,540	149,425	101,738	68.1	86,552	32,124
			16.6	11.3		9.5	3.6
アーバンコーポレーション							
17／3	57,034	9,480	120,551	47,172	39.1	68,624	35,451
			25.4	9.9		14.4	7.5
18／3	64,349	10,678	202,991	95,494	47.0	89,689	66,638
			37.9	17.8		16.7	12.4
19／3	180,544	56,398	443,304	293,001	66.1	294,475	103,111
			29.5	19.5		19.6	6.9
20／3	243,685	61,677	602,566	475,136	78.9	407,851	131,517
			29.7	23.4		20.1	6.5
創建ホームズ							
17／2	27,296	1,014	19,920	7,099	80.7	14,819	3,429
			8.8	5.2		6.5	1.5
18／2	38,553	1,655	27,649	15,810	76.4	18,294	7,285
			8.6	8.9		5.7	2.3
19／2	44,031	2,332	35,445	26,425	76.5	24,014	8,515
			9.7	8.8		6.5	2.3
20／2	41,805	−592	43,108	34,127	81.6	33,217	7,533
			12.4	12.1		9.5	2.2

(注) 下段の数値は回転期間（月）である。

各社ともに，棚卸資産が年度ごとに増えていって，10か月を超えているし，棚卸資産への集中が進み，最低のゼファーでも68％を超えている。

バブルの最盛期には，在庫には高い利益を上乗せして，簡単に売れた。在庫を持てば持つほど，売上高が増えるし，利益も増えた。

しかし，バブルは必ず崩壊する。これまでの例で，不動産バブルにしても，ＩＴバブルにしても，長くて数年間の寿命で終焉している。バブル汚染企業では，バブルが崩壊すると，膨大な在庫はたちまち不良化資産になる。在庫の売却が思うに任せなくなるが，膨大な在庫を借入金により調達しているので，バブル崩壊後には金融機関から借入金の返済に迫られ，資金繰りが破綻する企業が続出した。

売上が大きく落ち込んだために，営業によるキャッシュ・フロー（利益要素）はマイナスになり，借入金の返済資金を自力で調達することはできない。結局，在庫の売却により，借入金の返済資金を作るしかなくなったのだが，バブル崩壊後は不動産の需要が激減しているので，思うようには売れない。無理して売ると，不動産相場が下落しているので，大幅の売却損が出るのだが，資金繰りのために背に腹は変えられず，在庫を大量に処分して，巨額の損失を計上した。

３ バブル崩壊はリスク発現ではない

結局，バブル期に稼いだ利益のすべてを吐き出しても足らず，大幅債務超過に陥って倒産するのが，典型的なバブル汚染企業の運命である。

バブルの崩壊を見越して，バブル崩壊前に在庫を処分して，身軽になればよいのだが，誰にも，バブルの崩壊時期など正確には予想できない。実際問題として，バブルに汚染された企業で，在庫をタイミングよく売りさばいて，バブル崩壊の前に逃げ切った企業など皆無に近い。

大抵の企業では，まだ大丈夫と在庫を買い増しているうちに，突然バブルの崩壊が起こる。一旦崩壊が起こった後では，もう手遅れであり，棚卸資産は多額の含み損を抱えた不良化在庫になる。

第3部　通常企業のリスク分析

　バブルはいつかは必ず崩壊するものであるとすると，バブル崩壊はリスクではなくて，一種の放漫経営に伴うリスクであり，企業評価に織り込んでおく必要がある。

　筆者は，売上債権，棚卸資産や総資産などについて，あらかじめそれぞれに正常回転期間を設定しておき，正常回転期間を大幅に超えたときや，何年にもわたって上昇が続いている場合には，正常回転期間を超える部分は，まず，粉飾による水増し資産か，不良化資産であることを疑って見ることにしている。

　この原則は，バブル期のバブル汚染企業には通用しない。バブル期には，棚卸資産は増やせば増やすほど，売上が増えるし利益も増える。不良化資産どころか，利益を生み出す宝の山なのである。

　しかし，バブルが弾けた途端に上記の正常回転期間の原則が復活する。

　ただ，バブルがいつ崩壊するかは誰にも正確には読めないし，ある日，突然襲って来るものだとすると，バブルが弾けるのを待っているわけにはいかない。バブルに汚染されたことがはっきりした時点で，崩壊時のことを想定して，正常回転期間の原則を復活させて，正常回転期間を超える部分は，不良資産として評価をしなおすことが必要になる。

4　バブル汚染企業の判定法

　棚卸資産の正常回転期間は，通常の企業では，せいぜい3〜4か月程度と考えられる。不動産開発業者では，多額の不動産在庫を豊富に手持ちする必要になり，正常回転期間は高くなるが，それでも5〜6か月程度が限度と思われる。したがって，多少の余裕を見て，棚卸資産回転期間が7か月を超えた時点で，バブルに汚染されたと見ることが考えられる。

　そこで，棚卸資産と，借入金の回転期間が7か月を超えたときに，バブルに汚染されて，後戻りできない状態になったと判断する。借入金回転期間を加えたのは，棚卸資産が多くても，借入金が少なく純資産の裏付けがある場合には，リスクは少ないからである。

第3章 ケーススタディ

　次に，プロパストでのバブル最盛期，バブル崩壊期及びそれ以降の期間についての，在庫と資金繰りの関係をキャッシュ・フローで見てゆきたい。
　表11は，プロパストの要約キャッシュ・フローの平成17年5月期から同21年5月期までの推移表である。

表11　プロパストCF推移表

（単位：百万円）

	17／5	18／5	19／5	20／5	21／5
税前利益	812	3,153	9,141	18,180	－25,572
減価償却費	42	87	128	176	115
諸調整	－4,922	－226	285	－223	2,194
法人税等	92	－348	－2,307	－6,044	－2,215
利益要素	(－3,976)	(2,666)	(7,247)	(12,089)	(－25,478)
売上債権増減	5	－978	903	－257	362
棚卸資産増減	2,069	－39,460	－57,546	－30,384	63,287
仕入債務増減	－12,135	5,464	－5,235	4,472	－328
その他	381	1,955	838	－507	－31
運転資本要素	(－9,680)	(－33,019)	(－61,040)	(－26,676)	(63,200)
営業CF	－13,656	－30,353	－53,793	－14,587	37,812
投資CF	22	－1,122	14	773	5,050
短期借入収入	4,728	13,677	36,983	47,897	18,947
短期借入返済支出	－3,699	－7,042	－32,575	－45,068	－30,647
長期借入収入	12,890	32,875	89,794	79,573	3,902
長期借入返済支出	－3,203	－7,640	－46,586	－66,534	－38,137
その他	－56	48	7,882	－692	－988
財務CF	10,660	31,918	55,498	15,176	－46,923
CF合計	－2,972	442	1,719	1,382	－4,064

　表11によると，平成17年5月期を除いて，平成18年5月期から同20年5月期までは，利益要素はプラスで，プラスの幅が年々増加している。しかし，運転資本要素では大幅なマイナスが続いているし，運転資本要素のマイナスが，利益要素のプラスを大きく上回っているので，営業CFは大幅マイナスになっている。
　運転資本要素がマイナスになった元凶は，棚卸資産の増加である。

第3部　通常企業のリスク分析

投資ＣＦは当社ではそれ程大きな金額ではないので，ここでは無視する。

営業ＣＦのマイナスは，財務ＣＦで調達している。財務ＣＦ区分では，短期借入金，長期借入金ともに，返済支出以上に借入の収入があり，余剰調達分と利益要素のプラスで棚卸資産を調達したことになる。

平成20年5月期の終盤ごろから，事情が一変する。平成21年5月期以降では，利益要素は大幅赤字になるが，運転資本要素はそれ以上の大幅黒字になり，営業ＣＦは黒字になっている。

財務ＣＦでは返済支出が借入収入を大きく上回り，財務ＣＦは大幅赤字になっている。

借入金の返済額が多いのだが，業績が順調な時期には，返済額以上に新規借入ができたので，返済を行って，なお，在庫の買い増しができた。ところが，平成21年5月期以降は，十分な新規借入ができなくなったために，返済資金は，営業ＣＦに依存せざるをえなくなった。肝心の利益要素が赤字に転落しているので，在庫処分による運転資本要素の黒字で調達することになる。

在庫処分により，損益での赤字が増えるが，資金繰りのためには，損益での赤字に頓着していられなくなる。

表11から分かることは，業績が良好な時期には，利益要素のプラスが続くし，金融機関では資金を融資してくれるので，利益と新規借入で多額の資金調達ができる。プロパストではこの資金をすべて，棚卸資産に投入したことが窺える。その結果，表9での棚卸資産残高が飛躍的に増加するとともに，棚卸資産への資産の集中が進む。表10によると，この現象は，バブルに汚染された不動産開発業者に共通して見られる。

ところが，世界的規模の不況の到来でバブルが弾けると，今度は，金融機関は貸し渋りに転じ，借入金返済支出が借入による収入を大幅に上回ることになる様子が，表11から如実に読み取れる。

通常の企業では，業績が順調なときには，営業ＣＦが黒字になり，この黒字を投資支出か，借入金の返済に充てる。プロパストの場合には，業績が順調なときには利益要素はプラスになるが，在庫を買い増すために，運転資本要素は

大幅の赤字になり，営業ＣＦも赤字になる。この資金は，借入金を増やすなどの財務ＣＦで調達することになる。

バブルが弾けた後は，売上が減少し，業績が悪化する。その結果利益要素はマイナスになるが，在庫処分により運転資本要素は黒字になり，営業ＣＦも黒字になる。営業ＣＦの黒字で借入金を返済するので，財務ＣＦはマイナスになる。通常の企業とは反対の動きをする点に注意する必要がある。

5 バブル汚染企業と財務情報による総合評価

バブル汚染企業には，財務情報による総合評価は効率性を除いて信頼性が低い。バブル汚染企業は，厳密な意味での継続企業ではなくて，バブル期だけの期間に限った時限企業だからである。

プロパストについては，もともと財務安全性が低いので，リスクを評価する意味が少ないのだが，バブル汚染企業について，リスク評価には，本第3部での一般的な評価法のほかに，以下に紹介するような評価法が考えられる。

バブルは必ず崩壊するものとすると，バブル汚染企業はバブル崩壊前に手際よく在庫を処分して，バブル体質から脱却することが，企業防衛の絶対条件となる。そして，バブル期に稼いだ利益を温存して次のバブル期の到来を待つか，新規事業に鞍替えするのである。

バブル体質から脱却できなかった企業は，殆ど例外なく，膨大な過剰在庫を抱えた末に経営が破綻する運命にある。

このように，バブル汚染企業は，期間を限定した一時的な存在であるとすると，財務情報による財務安全性についての総合評価の効果は限定的なものになる。

したがって，リスクの評価も意味が薄れるが，一般企業でも，バブル汚染企業の特質を持つ企業が多いので，リスクの実態などを推定するのに，バブル汚染企業の例は効果的であると考え，プロパストを事例に取り上げたわけである。

6 プロパストのリスク予測について

　プロパストでは，棚卸資産を増やすと同時に，棚卸資産に対する集中率を高めていった。その結果，平成19年5月期には，集中率が90％を超え，平成21年5月期末には97.7％に達している。
　表10によると，他のバブル汚染組の不動産開発業者にも共通して，棚卸資産への集中率が著しく高まる現象が見られる。
　これは，今回の不動産バブルでは，不動産投資ファンドが不動産在庫を買い漁ったことに関係すると思われる。
　通常の企業では，業務遂行のために棚卸資産以外の資産にも資金を配分する必要がある。例えば，支払準備などのために一定額以上の現金・預金をもつ必要があるし，設備などの固定資産も保有しなければならない。
　平成20年5月期末において，プロパストでは棚卸資産以外の資産を僅か15,854百万円しか保有しておらず，これは同期の売上高の1.7か月分に過ぎない。
　平均的な企業で見ると，棚卸資産以外に，現金・預金を少なくとも売上高の1か月分程度，売上債権を2〜3か月分程度保有している。設備などの固定資産も含めると，棚卸資産以外の資産は，少ないところでも，売上高の5〜6か月分になるのが普通である。
　棚卸資産以外の資産が極端に少ないということは，棚卸資産に関係する取引以外には，殆ど，事業活動を行っていないことを意味する可能性がある。
　当社の主要事業である資産活性化事業は，欠陥のある不動産について，地上げや最適な土地再開発を実施し，資産価値の劣化した建物のリニューアルを行って，付加価値を付けて，短期間で最大限の利益の獲得を図るものであり，不動産を獲得し，付加価値をつける以外には，資産など必要としないことが推察される。
　不動産投資ファンドに現金回収条件で一括販売すると，売上債権も発生しな

いし，販売過程で発生する立替金や未収金などもあまり発生しない。建設や加工工事はすべて下請けに出すことで，設備をもつ必要もない。

　バブル期の不動産の開発・販売のために特化された経営形態になっており，バブル期には極めて効率的な事業システムだが，バブルが崩壊すると，潰しが利かない。転業をするにしても，設備もなければ，スタッフもいないし，ノウハウもない。資金の余裕もないのでは，バブルと運命を共にするしかない。

　バブルは必ず崩壊するものだが，いつ崩壊するかは誰にも正確には読めないので，結局，バブルから脱出ができず，バブル崩壊とともに，経営も破滅に至るのが，大方のバブル汚染企業のお決まりのコースである。

　したがって，与信管理の立場などからすると，得意先がバブルに汚染されたと認められる段階で，危険会社として，取引を止めるなどの意思決定をする必要がある。

　バブルに汚染されたかどうかを決めるのに，前述の回転期間による方法のほかに，キャッシュ・フローによるリスク累計額が利用できる。リスク累計額の推定値が，純資産額を上回っていれば，バブルに汚染されていて，バブル崩壊後には経営が破綻する危険性が極めて高いと判定するのである。

表12　キャッシュ・フローによるリスク累計額推移表

（単位：百万円）

	17／5	18／5	19／5	20／5	21／5
運転資産増減	2,074	−40,438	−56,643	−30,641	63,649
リスク対象額	2,074	−40,438	−56,643	−30,641	63,649
リスク累計額			−95,007	−127,722	−23,635
リスク比率			−66.67	−72.04	−28.93
改訂自己資本比率			−55.29	−57.15	−31.01

　表12は，プロパストのキャッシュ・フローから，リスク累計額を推定したものであり，プロパストのリスク累計額は，平成19年5月期末においても，純資産額をはるかに上回っており，バブル汚染企業と認定される。

　プロパストでは，投資ＣＦは大抵の期間でプラスであり，その金額も僅少なので，リスク対象額の計算からは除外してある。

第3部　通常企業のリスク分析

プロパストでは，平成21年5月期には266億円の当期純損失を計上し，平成22年5月期には，第3四半期までで348億円の純損失が出ているし，予想では，342億円の当期純損失になる見通しである。

平成22年5月期については，予想値を採用すると，2年間の純損失額は690億円になる。この損失は主に棚卸資産の含み損が実現したものとし，平成22年5月期までには，含み損はすべて処理が終わっているとすると，平成20年5月期末におけるキャッシュ・フローによるリスク累計額1,277億円は，かなりの過大予想になっている。

これは，運転資産の大半は棚卸資産であり，棚卸資産は全損になるという想定は厳しすぎるからと考えられる。

不動産開発業者は，バブル崩壊後に棚卸資産について帳簿価額の30～50％程度の評価損を計上しているようであり，帳簿価額の30％から50％程度をリスク対象額とするのがよいと考えられる。ただし，粉飾による水増しの場合には，全額がリスク対象額になるが，リスク比率を50％と見ておけば，全体として大幅な過小評価になることはないと考えられる。

リスク比率として50％を採用すると，プロパストの場合では，平成20年5月期末のリスク累計額は639億円になる。

プロパストの2年間の純損失額690億円はすべて，棚卸資産の含み損が実現したものとは限らず，貸倒損失，一般経費や支払利息なども含まれていることを考慮すると，含み損比率を50％としたリスク累計額は実態に近いことが推定される。

表13　キャッシュ・フローによるリスク累計額推移表（その2）

（単位：百万円）

	17/5	18/5	19/5	20/5	21/5
自己資本比率(％)	4.08	4.11	11.39	14.90	−2.09
運転資産増減	2,074	−40,438	−56,643	−30,641	63,649
リスク予想額	1,037	−20,219	−28,322	−15,321	31,825
リスク累計額			−47,504	−63,862	−11,818
リスク構成比(％)			−33.34	−36.02	−14.46
改訂自己資本比率(％)			−21.95	−21.13	−16.55

表13は，リスク予想額をリスク対象額の50％とした場合のリスク累計額とリスク構成比及び改訂自己資本比率の予想表である。

もともとプロパストの財務体質が脆弱であるため，リスク予想額の比率を50％にしても，リスクが実現すると大幅債務超過になることが予想され，早くから，バブルに汚染された危険会社と認定される。

7 一般会社への応用

バブル会社のリスク対象額の推定法を，在庫などが多い企業のリスク評価にも応用できる。

筆者は，これまで，売上債権や棚卸資産など，運転資本要素の中で，特に，粉飾に利用されやすいし，不良化しやすい資産については，回転期間によりリスクの評価を行ってきた。

売上債権や棚卸資産などについて，あらかじめ，正常回転期間を設定しておいて，実績値が正常値を大幅に上回った場合や，期ごとに上昇していく場合には，一応は粉飾を疑ってみるのである。

そして，粉飾であるとの確証がつかめないが，その疑いが残る場合には，リスク対象額として取り扱うのである。

例えば，棚卸資産の正常回転期間を1.5か月と設定してあるが，ある期において，2.5か月に上昇した場合で，上昇の理由が納得できない場合には，正常回転期間を超える1か月分をリスク対象額と認定するのである。

そのときの月商額が100百万円であったとすると，リスク対象額を100百万円と推定する。

次の期に，さらに2.8か月に上昇したとすると1.3か月分をリスク対象額とし，そのときの月商額が120百万円であったとすると，リスク累計額を156百万円と推定する。

リスク対象額の推定に，回転期間ではなく，増加額を用いるのがよい場合もある。新しく開拓した取引先に対する売上が加わったために売上高が増加し，

第3部　通常企業のリスク分析

　売上債権が増加した場合には，新しい取引先の信用状態などは，まだよく分からないことが多いので，古くからの取引先の売上債権などよりはリスクが高いと考えられる。したがって，増加額はすべてリスク対象額として，3年間の累計値をリスク累計額とするのである。

　3年間で打ち切るのは，3年間も取引が継続すれば，相手先の信用状態もつかめて，古くからの売上債権と同様に扱ってよいことになるとの考えによる。

　売上債権の場合には，貸倒になった場合には，殆ど全額が回収不能になることが多いので，リスク比率は100％とするべき場合が多いと思われる。

　今回の不動産バブルにおいて，バブルに汚染された不動産開発業者では，不動産在庫の投資に資金を集中させ，棚卸資産集中率が著しく高くなったのだが，一般の企業で，一定の資産に投資が極端に集中するのは，一種のバブル現象と見て，リスクについて事前に調査をして，万一のケースに備えることが必要でなる。

　特定の資産に限らず，例えば，特定の商権や取引先などに対する集中度を高めるのも，その取引が何かの都合で衰退に向かったときに，会社全体が壊滅的打撃を受ける危険性があるなど，リスクが高まる可能性があるので，一種のバブル現象として，注意が必要である。

ケース4　雪印乳業株式会社

1　はじめに

　雪印乳業株式会社大阪工場で製造された低脂肪乳が原因で，平成12年6月から7月にかけて近畿地方を中心に集団食中毒事件が発生した。戦後最大の食中毒事件であったのに関わらず，当事者の雪印乳業の対応が遅かったために被害がさらに増えたことで，同社グループの信用は失墜した。

　その後，グループ内の雪印食品株式会社で，ＢＳＥ（狂牛病）事件に関連して実施された国産牛肉の買取制度を悪用して，国外産の牛肉を国内産と偽って農林水産省に買取費を不正に請求したことが発覚し，同社グループの信用低下に拍車をかけた。

　雪印食品は，平成14年4月30日に解散することになったし，国中で起こった雪印製品の不買運動や，スーパーなどからの商品全品の撤去などにより，グループ各社の全工場が操業中止に追い込まれるなどで，グループ会社全体の経営が悪化した。

2　雪印乳業について

　表14は，雪印乳業グループの平成11年3月期から同17年3月期までの連結ベースの主要業績及び財務数値の推移表である。

第3部　通常企業のリスク分析

表14　雪印乳業主要業績・財務数値推移表　　　　（単位：億円）

	11／3	12／3	13／3	14／3	15／3	16／3	17／3
売　上　高	12,637	12,878	11,408	11,647	7,271	3,181	2,834
経　常　利　益	179	218	−589	−353	−268	33	67
当　期　純　利　益	31	−285	−529	−717	−271	14	69
売　上　債　権	1,485	1,496	1,540	1,306	441	375	368
棚　卸　資　産	796	768	740	664	406	396	330
流　動　資　産　計	2,834	2,897	2,793	2,606	1,155	989	866
固　定　資　産　計	2,593	2,862	2,886	3,207	1,694	1,605	1,272
資　産　合　計	5,431	5,768	5,679	5,814	2,849	2,594	2,138
仕　入　債　務	1,593	1,616	1,736	1,641	397	318	299
借　入　金	1,099	1,012	1,772	2,264	1,055	976	853
負　債　合　計	3,873	4,436	4,882	5,320	2,363	2,103	1,576
純　資　産　合　計	1,398	1,186	645	304	344	368	440
自己資本比率（％）	25.7	20.6	11.4	5.2	12.1	14.2	20.6
リスク対象額	4,874	5,126	5,166	5,177	2,541	2,386	1,970
リスク予想額	1,950	2,050	2,066	2,071	1,016	954	788
リスク構成比（％）	35.9	35.5	36.4	35.6	35.7	36.8	36.9

　表14によると，雪印乳業では，食中毒事件が起きた平成13年3月期から業績は赤字に転じ，同13年3月期には529億円の当期純損失を計上した。

　平成12年3月期にも，当期純損益は285億円の赤字になっているが，これは，退職給付引当金の積み立て不足分を一時に繰入れたためのもので，食中毒事件とは関係がない。

３　リスク対象資産とリスク累計額の推定

　表14によると，雪印乳業の各年度におけるリスク予想額は，資産総額の36％前後（リスク構成比）である。

　雪印乳業では，売上高は平成17年3月期には，同13年3月期の25％にまで減少していることから，二度にわたる不祥事により，最大級のリスクに見舞われたことが推察される。

第3章 ケーススタディ

表15 平成13年3月期から3年間の損益推移 　　　（単位：億円）

	13／3	14／3	15／3	3年間累計
売　上　高	11,408	11,647	7,272	
売上増減指数	100.0	102.1	63.7	
経　常　損　益	−589	−353	−268	−1,210
特　別　利　益	419	285	547	1,251
特　別　損　失	−435	−434	−672	−1,541
税調整前当期損益	−605	−502	−393	−1,500

　表15は，事件発生後の売上高の年度ごとの変化と，損益の内訳を示したものである。

　雪印乳業では，平成13年3月期から同15年3月期までの間に累計で1,210億円の経常損失を出したし，同期間中に1,541億円の特別損失を計上している。この合計額2,751億円が，リスク発現による損失の合計であったとすると，この損失累計額は，平成12年3月期末における資産合計額5,768億円の47.69％になる。

　上記の3年間に計上された特別利益累計額の1,251億円は，資産の含み益の吐き出しであるとして，含み益を平成12年3月期末の資産総額に加算すると，実質資産総額は7,019億円になり，実質資産総額で計算すると，損失累計額の構成比は39.19％となり，表14のリスク構成比を3ポイント程度超えてはいるが，それ程大きな差異ではなくなる。

　リスクの発現により，リスク対象額の40％が損失になるとした第2章の想定はほぼ妥当であったことになる。

　平成15年3月期にはリスクの整理は終わって，再建期間に入っていたとし，268百万円の経常損失は，再建のための先行投資であったとして，上記のリスク発現による損失推定額から控除すると，リスク構成比は35.38％になる。

第3部　通常企業のリスク分析

ケース5　株式会社不二家

1　はじめに

次に，平成19年1月に期限切れ原材料使用などの不祥事が明らかになって信用不安に陥った結果，製造の全面中止に追い込まれるなど，経営の危機に直面した株式会社不二家のケースを取り上げる。

2　不二家の不祥事件とその後遺症について

表16は，株式会社不二家の平成17年3月期以降の主要財務数値及びリスク予想額などの推移表である。

表16　不二家主要財務数値およびリスク予想額等推移表　　（単位：百万円）

	17／3	18／3	19／3	20／3	21／3	22／3
売　上　高	87,687	84,843	63,912	58,784	73,778	79,556
経　常　利　益	840	−147	−7,219	−10,327	−5,035	905
税金等調整前純利益	1,737	−1,003	−6,798	−1,268	−5,622	844
当　期　純　利　益	1,314	−1,797	−8,090	−1,075	−5,497	590
売　上　債　権	7,549	7,499	2,085	6,382	7,358	7,835
棚　卸　資　産	4,442	3,378	2,287	3,441	3,812	3,822
固　定　資　産　計	35,253	35,141	30,085	27,724	27,240	26,638
資　産　合　計	51,797	49,111	39,292	46,380	46,309	47,464
純　資　産	17,976	16,493	7,302	21,708	23,276	24,059
自己資本比率(％)	34.70	33.58	18.58	46.80	50.26	50.69
リスク対象額	−47,244	−46,018	−43,664	−37,547	−38,410	−38,295
リスク予想額	−18,898	−18,407	−17,466	−15,019	−15,364	−15,318
リスク構成比(％)	−36.48	−37.48	−44.45	−32.38	−33.18	−32.27

表16によると，平成19年3月期から同21年3月期までの3年間に137億円の税金等調整前当期純損失を計上している。平成18年3月期末におけるリスク対

象額は460億円なので，上記損失額はリスク対象額の29.8%であり，40%の範囲内に収まっている。

ただ，不二家ではこの間に226億円の固定資産及び投資有価証券売却益を計上しているので，これら特別利益を除外した純損失の総額は359億円になる。この金額は平成18年3月期末におけるリスク対象額に含み益を足した実質リスク対象額686億円の52.3%となり，40%を大幅に超えている。

しかし，不二家では，平成18年3月期には営業損益の段階から赤字に陥っているし，平成19年3月期も事件前の第3四半期においても既に営業損益が赤字になっていることから，上記の3年間の損失は，すべて事件のリスクによるものとは限らないし，その後の年度に計上した特別損失も，事件前に蓄積されていた含み損の整理損であった可能性もある。

不二家では，不祥事が明るみに出た直後の平成19年2月に山崎製パン株式会社と業務提携の契約を結び，同年4月には同社から増資を受け入れている。平成21年3月期には売上高は大幅に上昇に転じていることと併せると，不祥事の後遺症は平成20年3月期で終わり，平成21年3月期からは再建期間に入ったことが推察されるし，平成21年3月期における56億円の税金等調整前純損失の大部分は，再建のための準備費用と考えることもできる。

このように考えると，不祥事のリスクに伴う損失額は，リスク対象額の40%に近づくので，第2章でのリスク推定法は，不二家にも適用可能であることが推察される。

3 まとめ

表17は，平成19年3月期及び同20年3月期の四半期ごとの業績推移表である。

第3部　通常企業のリスク分析

表17　不二家四半期ごと業績推移表

(単位：百万円)

	売上高	経常利益	当期純利益
19/3 I Q	18,625	−737	−602
II	19,098	−611	−498
III	24,003	1,210	−571
IV	2,186	−7,081	−6,419
年間計	63,912	−7,219	−8,090
20/3 I Q	10,054	−3,678	−737
II	12,464	−3,401	2,180
III	18,695	−1,526	−1,039
IV	17,571	−1,722	−1,479
年間計	58,784	−10,327	−1,075

　不二家では，平成19年1月に不祥事が表面化したのだが，平成19年1月から同年3月までの平成19年3月期第4四半期には，3か月間で71億円もの経常損失が出ている。

　平成19年3月期末の純資産額は73億円に減少しており，自己資本比率は18％強に低下している。平成20年3月期に入って損失額は縮まっているが，それでも平成20年3月期の第1及び第2四半期の6か月間に71億円の経常損失が出ているし，4億円の特別損失を計上しているので，このままでは9月末で債務超過に陥っている。ただし，土地や投資有価証券の売却などにより90億円の特別利益を計上したし，4月に山崎製パンからの増資を受け入れたことで，債務超過は回避しているが，増資がなければ，急速な資金繰りの悪化により，平成20年3月期の早い時期に倒産していた可能性もある。

　その場合，当社の取引先が平成19年3月期の決算発表時に，あるいは，平成19年1月に不祥事が公表された時点で当社との取引中止等の意思決定をしていても，間に合わずに焦げ付き債権を発生させていた可能性もある。

　不祥事の性格によっては，急速に業績が悪化することがあり，1日も早く情報を入手して対策を立てるのでないと，正規のルートによる情報を待っていたのでは手遅れになる可能性がある。

第3章 ケーススタディ

ケース6　株式会社日本航空

1　はじめに

　本章は,「最近の粉飾」第3版に掲載したものを,一部を書き直して再掲するものである。

　株式会社日本航空は,平成22年1月19日に東京地方裁判所に会社更生手続開始の申立てを行い,同日,開始決定を受けた。

　日本航空では,倒産直前の平成22年3月期第2四半期末においても1,593億円の純資産が残っていることになっているが,実際には含み損があって,7～8,000億円の債務超過になっていたとのことである。

　日本航空の倒産予知には,含み損の存在を知ることが不可欠であったと考えられるが,含み損は,航空機や簿外負債の形で隠されている模様である。

　日本航空が実質的には債務超過の会社に陥った原因には,基本的には,準国策会社として,不利な条件での航路の就航を強いられたり,割高の経費を負担させられるなどの,政治要因も大きいといわれている。

　また,日本航空の場合では,経済界始め世間の関心が高いので,早くから含み損の存在が報道されていたために,同社の経営危機については,少なくとも株式投資家には周知の事実になっていたと思われる。

　しかし,含み損などの情報の報道がなかったとしたら,一般の外部の利害関係者では,通常の粉飾発見法では含み損の存在を探知することは困難であったと思われる。粉飾とは断定できないが,現行の会計制度や慣習上認められる,ぎりぎりの線で甘い会計処理を行っているために,いわば合法的な含み損が蓄積している企業に対しては,特にそうである。

　日本航空のような,全日本空輸株式会社との間で寡占状態にある業界に属する企業では,粉飾などによる含み損の存在のみならず,競争相手との関係での,

197

実質的な含み損にも注意する必要がある。

日本航空では保有する航空機の種類が，国策もあってジャンボ旅客機に偏っていて，中型機が主流の全日本空輸などにくらべ効率が悪いとされている。この場合，不採算路線や，不採算航空機などについての業績の実績などから，含み損を推定するべきかもしれないが，そのための資料が不足しているので，実際上，このような方法は実行不可能である。

日本航空では全日本空輸にくらべ採算が悪くなっているし，準国策会社としての構造は簡単に変えられないのなら，全日本空輸の損益分岐点を基準に，日本航空の採算を評価する必要があり，採算の悪い金額だけ，減損などの含み損が存在すると考える必要がある。

外国企業との競争を無視すると，日本航空と全日本空輸の2社が市場を支配している航空業界では，1社が設定したサービス価格に，競争上他社も従わざるを得ない。採算上，優位な地位にある1社が，採算ぎりぎりの線で価格設定をすると，採算の悪い他社では，赤字になる。赤字額を，資産価値に換算して，その換算額を含み損として認定するなどの方法で含み損を推定することができる。

以下においては，日本航空と全日本空輸の2社の収益構造の比較などから含み損の存在を探知して含み損の金額を推定する方法を検討して見たい。

2 日本航空について

日本航空では，倒産直前に発表した平成22年3月期の第2四半期報告書においても，純資産が1,593億円も残っており，形式的には黒字倒産である。ただし，実質的には7〜8,000億円の債務超過に陥っているとのことで，本物の黒字倒産といえない可能性がある。

与信管理の立場などからでは，倒産は少なくとも6か月前には予知をして，倒産に備えた対策をとるのでないと手遅れになる。6か月前を前提とすると，日本航空については，平成21年5月12日付の平成21年3月期の決算短信により

第3章　ケーススタディ

倒産を予知する必要がある。

　日本航空で，最初に継続企業の前提に関する注記が付されたのは，平成21年11月13日付の平成22年3月期第2四半期の決算短信においてであり，この注記制度は，日航の倒産に対する事前警告情報としては，あまり役に立たなかったことになる。

　筆者のように，日航や航空業界について，会社発表の情報以外では，新聞や週刊誌などの情報源しか持たない分析者が，平成21年3月期の決算短信や有価証券報告書などの分析により，どの程度まで，倒産の予知ができたかを試して見たい。

3　日本航空の業績

(1)　全日本空輸との業績比較

　現在の株式会社日本航空は，平成14年10月に，旧，日本航空株式会社と株式会社日本エアシステムが，株式移転により両社の完全親会社として，株式会社日本航空システムの商号で設立されて誕生した。

　旧日本航空株式会社と，株式会社日本エアシステムは，その後商号を株式会社日本航空インターナショナルと，株式会社日本航空ジャパンに変更し，株式会社日本航空システムは，現商号の株式会社日本航空に商号変更をして，現在に至っている。

　旧日本航空の売上高1兆6,087億円（平成14年3月期）は，統合後は2兆835億円（平成15年3月期）になったし，これまで弱いとされていた国内部門が日本エアシステムとの合併により補強された。

　日本航空の最近における業績推移を，同業の全日本空輸との比較により見て行きたい。

　表18は，平成16年3月期から同21年3月期までの，日本航空と全日本空輸の損益に関する主要数値の推移表である。最下行の減価償却費はキャッシュ・フロー計算書からの引用数値である。

第3部　通常企業のリスク分析

表18　主要業績数値推移表

① 日本航空　　　　　　　　　　　　　　　　　　　　　　　　　　　（単位：億円）

	16／3	17／3	18／3	19／3	20／3	21／3	直前3期平均
売　上　高	19,317	21,299	21,994	23,019	22,304	19,512	21,612
営 業 総 利 益	3,258	4,442	3,602	4,167	4,534	2,633	3,778
売上高利益率(％)	(16.87)	(20.86)	(16.38)	(18.10)	(20.33)	(13.49)	(17.40)
販 売 管 理 費	3,934	3,881	3,870	3,938	3,634	3,142	3,571
営 業 利 益	−676	561	−268	229	900	−509	207
売上高利益率(％)	(3.50)	(2.63)	(−1.22)	(0.99)	(4.04)	(−2.61)	(0.96)
総資産利益率(％)	(−3.20)	(2.59)	(−1.24)	(1.10)	(4.24)	(−2.91)	(1.04)
営 業 外 損 益	−43	136	−148	−23	−202	−313	−80
経 常 利 益	−719	697	−416	206	698	−822	27
当 期 純 利 益	−886	301	−472	−163	169	−632	−209
減 価 償 却 費	1,194	1,247	1,261	1,176	1,166	1,180	1,174
売 上 債 権	2,086	2,230	2,410	2,410	2,471	2,249	1,709
棚 卸 資 産	758	763	810	859	853	819	
固 定 資 産	15,942	14,794	14,456	13,893	13,188	12,625	
資 産 合 計	21,134	21,627	21,384	21,251	19,882	17,506	
純 資 産	1,834	2,205	2,249	3,170	3,333	1,968	
自 己 資 本 比 率	8.68	10.20	10.52	14.92	16.76	11.24	
リ ス ク 対 象 額	−18,786	−17,787	−17,676	−17,162	−16,512	−15,693	
リ ス ク 予 想 額	−7,514	−7,115	−7,070	−6,865	−6,605	−6,277	
リ ス ク 構 成 比	−35.56	−32.90	−33.1	−32.3	−33.2	−35.9	

② 全日本空輸　　　　　　　　　　　　　　　　　　　　　　　　　　（単位：億円）

	16／3	17／3	18／3	19／3	20／3	21／3	直前3期平均
売　上　高	12,176	12,928	13,688	14,897	14,878	13,926	14,567
営 業 総 利 益	2,781	3,349	3,517	3,749	3,737	2,678	3,388
売上高利益率(％)	(22.84)	(25.91)	(25.69)	(25.17)	(25.12)	(19.23)	(23.26)
販 売 管 理 費	2,437	2,571	2,629	2,827	2,893	2,602	2,774
営 業 利 益	344	778	888	922	844	76	614
売上高利益率(％)	(2.83)	(6.02)	(6.49)	(6.19)	(5.67)	(0.55)	(4.22)
総資産利益率(％)	(2.20)	(4.84)	(5.33)	(5.75)	(4.73)	(0.43)	(3.58)
営 業 外 損 益	−9	−126	−220	−296	−279	−75	−217
経 常 利 益	335	652	668	626	565	1	397
当 期 純 利 益	248	270	267	327	641	−48	308
減 価 償 却 費	642	704	762	886	1,168	1,129	1,061
売 上 債 権	1,018	1,139	1,133	1,233	1,182	892	
棚 卸 資 産	528	526	579	607	529	571	
固 定 資 産	11,008	11,848	11,355	11,795	13,098	13,142	
資 産 合 計	15,651	16,066	16,668	16,021	17,834	17,611	
純 資 産	1,501	2,143	3,463	4,059	4,559	3,258	
自 己 資 本 比 率	10.50	13.34	20.78	25.34	25.56	18.50	
リ ス ク 対 象 額	−12,554	−13,513	−13,067	−13,635	−14,809	−14,605	
リ ス ク 予 想 額	−5,022	−5,405	−5,227	−5,454	−5,924	−5,842	
リ ス ク 構 成 比	−32.1	−33.6	−31.4	−34.0	−33.2	−33.2	

日本航空では，売上高は平成19年3月期までは増加を続けたが，その後は減少に転じ，平成21年3月期には同16年3月期の水準にまで落ち込んでいる。ほぼ隔年で，営業損益の段階から赤字になっていて，平成19年3月期から同21年3月期までの3年間の平均値では，年間営業利益は207億円に留まっている。

全日本空輸でも，売上高増減のパターンは日本航空と同じだが，平成20年3月期以降の落ち込みは緩やかである。営業利益以下の利益は平成20年3月期までは増加を続けたが，平成21年3月期には大幅に低下して，営業利益は76億円になったし，当期純損益は赤字になっている。それでも，平成19年3月期から同21年3月期までの3年間の全日本空輸の年間平均営業利益は614億円であり，日本航空の約3倍もあるし，金額でも日本航空より年間平均で407億円も多い。

(2) 資産運用状況の比較

次に，両社の使用資産の効率性を比較する。

表19は，両社の固定資産中の償却資産の取得価額，減価償却累計額及び帳簿価額と，その主要構成要素である航空機（簿価）残高の6年間の推移を記載した表であり，総資産及び純資産の推移も記載してある。

表19では，土地と建設仮勘定を除く有形固定資産を償却資産としており，取得価額は帳簿価額に減価償却累計額を足して逆算した金額による。なお，償却資産及び航空機には注記に記載されているリース資産（簿価）も加えてある。

第3部　通常企業のリスク分析

表19　資産，純資産残高推移表

① 日本航空
(単位：億円)

	16／3	17／3	18／3	19／3	20／3	21／3
償却資産取得価額	33,330	33,225	32,372	31,147	23,260	22,710
同上償却累計額	18,489	18,356	17,980	17,660	14,380	13,920
同上帳簿価額	14,841	14,869	14,392	13,487	8,880	8,790
償却進捗率(％)	58.12	59.84	60.56	61.14	61.82	61.29
航空機帳簿価額	11,657	11,944	11,748	11,159	10,482	9,992
資産合計	21,134	21,627	21,612	20,912	21,228	17,507
総資産回転期間(月)	13.13	12.18	11.79	10.90	11.42	10.77
純資産	1,593	1,947	1,481	3,319	4,711	1,967
自己資本比率(％)	7.54	9.00	6.85	15.87	22.19	11.24

② 全日本空輸
(単位：億円)

	16／3	17／3	18／3	19／3	20／3	21／3
償却資産取得価額	20,659	21,030	21,140	22,750	17,012	16,630
同上償却累計額	10,594	10,581	10,230	11,178	8,898	8,348
同上帳簿価額	10,065	10,449	10,910	11,593	8,114	8,282
償却進捗率(％)	51.28	49.69	48.39	49.13	52.30	50.20
航空機帳簿価額	5,962	6,283	5,960	6,689	6,085	6,331
資産合計	15,651	16,066	16,668	16,021	17,834	17,611
総資産回転期間(％)	15.42	14.91	14.61	12.91	14.38	15.18
純資産	1,501	2,143	3,463	4,059	4,559	3,258
自己資本比率(％)	9.59	13.34	20.78	25.34	25.56	18.50

　日本航空では，平成21年3月期に資産合計額が大幅に減少しているのに対し，全日本空輸では，平成16年3月期から同21年3月期にかけて増加傾向が続いている。その結果，平成21年3月期末には，資産合計額は両社とも1兆7,000億円台で，ほぼ並んでいる。平成21年3月期末の償却資産の帳簿価額合計も，両社ほぼ同額である。ただし，取得価額では，平成21年3月期末においても日本航空の方が全日空より4割方多いのだが，減価償却が進んでいるために，帳簿価額ではほぼ同額になっている。

　減価償却費は平成16年3月期には，日本航空が全日本空輸の2倍近かったのだが，全日本空輸では年々増加を続けたために，平成21年3月期には両社ほぼ

第3章　ケーススタディ

同額になっている。

　航空機の帳簿価額は，日本航空でもそれ程には減少しておらず，平成21年3月期末においても，全日本空輸よりも58％多いのが注目される。

(3) 四半期情報による両社の分析

　表18によると，日本航空では，営業損益は，平成17年3月期の561億円の黒字から，翌18年3月期には268億円の赤字に転落して，1年間で829億円も悪化している。他方，全日本空輸では，平成18年3月期には営業損益が110億円良化して，888億円の黒字を計上している。

　日本航空では，平成18年3月期における業績の悪化の原因として，燃料費の高騰と，中国での反日運動の影響で観光需要を中心に伸び悩んだことなどを上げている。これらは，程度の差はあっても，全日本空輸にも悪影響を及ぼしているものと思われるので，日本航空の業績悪化には，外部要因のほかに，日本航空固有での損益構造の悪化にもよることが推察される。

　表20は，平成16年3月期から同21年3月期までの6年間の両社の売上高と事業費の，四半期ごとの推移を示したものであり，表21は，同期間中における四半期ごとの数値の6年間の平均値である。

第3部 通常企業のリスク分析

表20 売上高，事業費の四半期ごと推移表 (単位：億円)

	日本航空				全日本空輸			
	売上高	構成比	事業費	事業費率	売上高	構成比	事業費	事業費率
16/3 Ⅰ	3,988	20.7%	3,829	96.0%	2,596	21.3%	2,342	90.2%
Ⅱ	5,457	28.2	4,192	76.8	3,487	28.6	2,408	69.1
Ⅲ	5,257	27.2	4,179	79.5	3,132	25.7	2,355	75.2
Ⅳ	4,615	23.9	3,859	83.6	2,961	24.3	2,290	77.3
17/3 Ⅰ	4,793	22.5	4,114	85.9	2,972	23.0	2,301	77.4
Ⅱ	5,965	29.0	3,866	64.8	3,623	28.0	2,446	67.5
Ⅲ	5,353	25.1	4,406	82.3	3,230	25.0	2,391	74.0
Ⅳ	5,188	24.4	4,471	86.2	3,103	24.0	2,441	78.7
18/3 Ⅰ	5,034	22.9	4,451	88.4	3,123	22.8	2,415	77.3
Ⅱ	6,089	27.7	4,604	75.6	3,786	27.7	2,538	67.0
Ⅲ	5,570	25.3	4,783	85.9	3,473	25.4	2,619	75.4
Ⅳ	5,301	24.1	4,554	85.9	3,305	24.2	2,599	78.6
19/3 Ⅰ	5,222	22.7	4,626	88.6	3,452	23.2	2,609	75.6
Ⅱ	6,278	22.3	4,849	77.2	4,077	27.4	2,833	69.5
Ⅲ	5,842	25.4	4,991	85.4	3,817	25.6	2,880	75.5
Ⅳ	5,677	24.7	4,386	77.3	3,551	23.8	2,825	79.6
20/3 Ⅰ	5,207	23.4	4,399	84.5	3,496	23.5	2,679	76.6
Ⅱ	6,222	27.9	4,630	74.4	4,137	27.8	2,842	68.7
Ⅲ	5,583	25.0	4,422	79.2	3,783	25.4	2,795	73.9
Ⅳ	5,292	23.7	4,319	81.6	3,462	23.3	2,826	81.6
21/3 Ⅰ	4,903	25.1	4,043	82.5	3,455	24.8	2,667	77.2
Ⅱ	5,833	29.9	4,711	80.8	4,078	29.3	2,990	73.3
Ⅲ	4,857	24.9	4,505	92.8	3,541	25.4	2,986	84.3
Ⅳ	3,919	20.1	3,620	92.4	2,852	20.5	2,605	91.3

表21 四半期ごと平均値 (単位：億円)

	日本航空				全日本空輸			
	1四半期	2四半期	3四半期	4四半期	1四半期	2四半期	3四半期	4四半期
売上高	4,858	5,974	5,410	4,999	3,182	3,865	3,496	3,206
構成比(%)	22.9	28.1	25.5	23.5	23.2	28.1	25.4	23.3
事業費	4,244	4,475	4,548	4,202	2,502	2,676	2,671	2,598
事業費率(%)	87.4	74.9	84.1	84.1	78.6	69.3	76.4	81.0
営業利益	−293	542	−70	−139	66	484	164	−72

表20, 21で構成比とは, 年間売上高に占める各四半期売上高の比率のことであり, 事業費率は, 事業費の売上高に対する比率をいう。両社では, 売上高 (営業収入) から事業費を引いた利益を営業総利益と呼んでいて, 営業総利益から販売費及び一般管理費を控除したものが営業利益になる。表20, 21では, 販売費及び一般管理費の記載は省略してある。

表21によると, 日本航空では6年間の平均値で, 第2四半期を除く各四半期で営業損益は赤字になっており, 特に第1四半期の赤字が多い。第2四半期には大幅黒字になって, 他の四半期の赤字を消化して, 年間利益を黒字にしている。両社ともに, 四半期構成比の低い四半期ほど事業費率が高いことから, 固定費が多く含まれていることが推察される。

そこで, 両社の事業費を変動費と固定費に分けるために, 平成16年3月期から同21年3月期までの24四半期のデータによる回帰分析を試みる。t番目の四半期売上高をX_t, 事業費をY_tとし, X_tを独立変数, Y_tを従属変数として, 下の回帰式を想定する。

$$Y_t = \alpha X_t + \beta$$

X_t, Y_tの間の相関関係が十分に高い場合には, αは変動費率を示し, βは事業費中の固定費額を示すことが期待できる。

表20の24四半期のデータから, 最小二乗法によりα, βを推定すると

　日本航空：$\alpha = 0.4000$, $\beta = 2,243$, $R^2 = 0.4944$

　全 日 空：$\alpha = 0.4117$, $\beta = 1,196$, $R^2 = 0.5484$

となる。

上の推定結果では, 両社ともに決定係数R^2があまり高くないので, 推定値の信頼性に疑問があるが, 推定値自体は常識的には納得できる数値になっており, 両社の事業費の構造について, 何らかの情報を提供している可能性がある。推定値を素直に解釈すると, 両社ともに事業費の売上高に対する変動費率は40％程度だが, 日航の方が, 固定費が1,000億円以上も多いことになる。

決定係数が低いのは, 元々相関関係が低いか, 燃料費の相場変動や為替変動などで時期ごとのバラツキが大きいことなどによる可能性があるが, 24四半期

第3部 通常企業のリスク分析

の間に損益構造に変化が生じていることも考えられる。そこで，期間を最近の3年間に絞って，平成19年3月期以降の12四半期のデータで同じ推定を行うと

日本航空： $\alpha=0.4671$, $\beta=1,935$, $R^2=0.7085$

全日本空輸： $\alpha=0.2356$, $\beta=1,936$, $R^2=0.4210$

となる。全日本空輸の決定係数が低すぎるし，変動費率の低下幅が大きすぎて，常識的にも，実態とかけ離れているように思われる。

他方，日本航空では決定係数が上昇しているし，常識的にも納得できる数値になっているので，ここでも推定結果を素直に解釈すると，6年間のデータによる推定値よりも，3年間のデータによる推定値の方が固定費が減少している。

最近3年間の固定費が減少しているのは，変動費率が上昇傾向にあることから，単なる推定上の誤差による可能性があるが，合理化による固定費の削減努力が実ったものと解釈することもできる。

図1は，日本航空の平成19年3月期から同21年3月期までの四半期ごとの売上高と事業費の分布図であり，売上高と事業費の関係を示している。図中の直線は $Y_t=0.4671X_t+1,935$ の回帰直線であり，売上高及び事業費は四半期ごとの金額である。

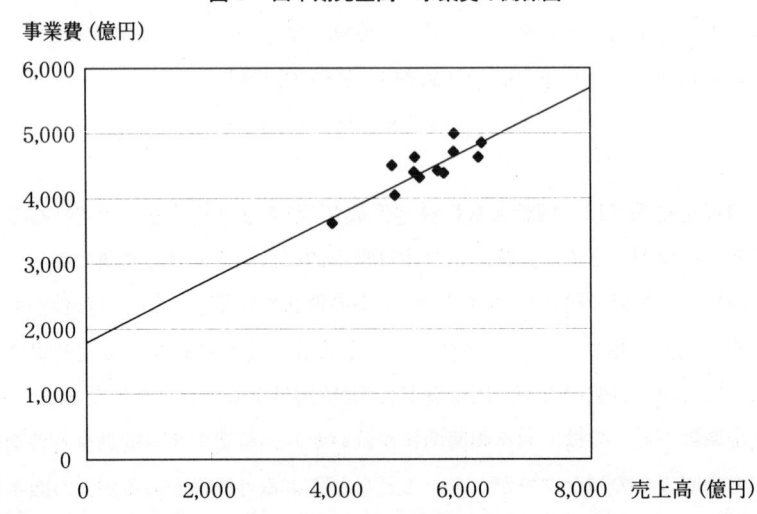

図1 四半期売上高・事業費の関係図

売上高と事業費の点は，回帰直線の周辺近くに分布していて，回帰直線が実態を現していることが推察できる。

これまでの検討結果から，次のような収益構造を想定できる。

- 両社の規模の差は年々縮まっていて，21年度では，売上高を除いて，実質的には両社はほぼ並んでいる。
- 日本航空では，全日本空輸に比べ固定費が多いが，減少傾向にある。
- 日本航空では，固定費の影響で，売上高の少ない四半期の損益が極端に悪くなる。
- 日本航空では，21年度には営業損益の段階から大幅赤字になっていて，売上高が損益分岐点を下回ったことが推察される。平成22年度には21年度よりも売上高が減少する見通しなので，営業損益の赤字はさらに膨らむことが予想される。

日本航空について，主として，決定係数が比較的高い最近3年間のデータによる推定結果に基づき，最近の変動費率を46％，四半期ごとの事業費の固定費を1,940億円とし，販売管理費及び営業外損益はすべて固定費であり，21年度の実績値から，四半期あたり860億円とすると，営業費用及び営業外損益の固定費総額は2,800億円（年間1兆1,200億円）になる。経常利益がゼロになる損益分岐点の四半期売上高は5,185億円であり，年売上高にして2兆740億円になる。

4 日本航空は黒字倒産か

(1) 益力からの含み損推定

新聞情報では，日本航空は実質的には7〜8,000億円の債務超過に陥っているとのことである。この評価は，主に清算を前提にしたものである可能性があるが，日本航空は再生に取り組むのだから，継続企業の前提に立って日本航空の含み損を推定する必要がある。

表18によると，最近3年間の営業利益の平均値は，日本航空は全日本空輸より約400億円少ない。

第3部　通常企業のリスク分析

　平成21年3月期末における両社の資産合計額はほぼ同額の1兆7,000億円強であり，ほぼ同額の資金を投下していて，全日本空輸の方が年間約400億円多い営業利益を稼ぐ収益力があることになる。

　表18によると，全日本空輸の最近3年間の平均総資産営業利益率は3.6％であり，これを当業界における正常利益率として，400億円を3.6％で現在価値に割引くと，1兆1,111億円になる。全日本空輸の業績が，継続企業としてのぎりぎりの限界線にあるとすると(注)，日本航空の総資産営業利益率を全日本空輸の水準に引き上げるには，資産について1兆1,111億円程度の減損処理をする必要がある。平成21年3月期末の日本航空の純資産額1,967億円から減損額を差し引くと，9,000億円強の債務超過になる。新聞情報よりも債務超過額が多いが，現在価値の計算に採用した割引率3.6％が低すぎることも考えられ，例えば，4％程度にすると，債務超過額は約8,000億円になる。

　　(注)　全日本空輸では平成21年3月期には，営業利益は76億円，経常利益は1億円に落ち込んでいるし，同22年3月期も，営業損益は542億円，経常損益は863億円の赤字に転落している。
　　　　平成22年3月期は，燃料費が高騰し，世界的不況の影響で，航空業界は大きなダメッジを蒙った年であり，これを例外の年として，正常な年度には黒字に転換できるのか，あるいは，このまま，赤字体質が続くのかは，これからの業績を見ないと結論は出せない。
　　　　全日本空輸では，平成23年3月期には，増収を見込み，130億円の経常利益を計上できる予定になっており，平成22年3月期の赤字を景気変動に伴う一過性の落ち込みによるものと見ているようである。
　　　　この見方に従い，平成20年3月期を好況の時期，22年3月期を不況の年とし，21年度を中間の時期とすると，中間の時期の業績から，ぎりぎりで黒字体質の企業と見ることができる。

(2)　損益分岐点からの含み損推定

　前節での回帰分析による推定が意味を持つとすると，日本航空の経常利益がゼロになる損益分岐点の売上高は2兆円強だが，今後，不採算路線の整理が不可避と思われることや，21年度の売上高1兆9,512億円，22年度の予想売上高1兆7,480億円から推して，将来，平均して2兆円以上の売上高を上げるのは困難と予想される。仮に，将来の平均的な売上高を，1兆8,000億円と予想す

ると，年間1,480億円程度の赤字が出ることになる。

　日本航空では年金費用の引き下げ，人員削減や航空機の機種の切替などにより大幅の合理化を計画しているが，将来の赤字のすべてを合理化で解消することができず，残りは減損処理などによらざるを得ないと考えられ，大幅な債務超過になる可能性が高い。

　以上の推定には，仮定が多すぎて厳密性に欠けるが，最近の日航の業績の分析や，全日本空輸との比較などにより，事業継続を前提にしても，多額の減損処理が必要であり，減損により多額の債務超過に陥ることは，かなりの確度で推察できる。

　日本航空では平成22年3月期においても，減収が予定されていて，赤字幅が膨らむ恐れがあり，22年度中にも債務超過に陥る可能性があるのに，会社更生法の申請までは大幅減損を実施していないし，平成22年3月期第1四半期においても継続企業の前提に関する注記を記載しなかったのは，粉飾ではないにしても，判断が甘すぎたとの印象を捨てきれない。

(3) リスク予想額からの含み損推定

　表18には，リスク対象額とリスク累計額，リスク構成比を記載してあり，平成21年3月末の日本航空のリスク予想額は6,277億円であり，リスク構成比は35.9%である。

　日本航空では金融機関からの融資交渉が難航し，倒産の危機に瀕しており，最大ではないにしても，大きなリスクに見舞われているとして，リスク予想額の大部分を減損として実現させるべきとし，さらに，これに退職給付引当金の引当不足額を加算すると，7,000～8,000億円程度の減損処理が必要になる。

5 まとめ

　黒字倒産は，金融機関やスポンサーなどの決断によって起こるものが多いので，一般の利害関係者には予知は困難なのだが，倒産した場合には，債権者な

第3部　通常企業のリスク分析

どの利害関係者に大きな損失を与えることには変わりがない。

　金融機関では，現在，赤字が続いていても，まだ債務超過にはなっていないし，将来回復することが確実な企業を切り捨てることはないと思われ，現在の業績が勝れない上に，将来も回復の見込みが薄い企業に貸し渋りの狙いをつけることが推察される。したがって，債務超過になっていなくても，収益体質の悪い企業には，これまでより早い段階で倒産の予測をして，早めに撤退などに踏み切ることが求められる。

　日本航空については，平成21年3月期の決算発表時に公表された同22年3月期の業績予想では，当期純損益は630億円の赤字となっているが，21年度末には純資産が1,967億円残っているので，平成22年3月期の純損失が予想の3倍に膨らんでも，まだ債務超過にはならない。それに，この時期には，不況の影響で日本の会社は軒並みに大幅赤字を予想している。

　日本航空の倒産予知には，膨大な含み損の存在を認識することがカギになると思われる。

　日本航空の場合は，膨大な含み損の存在が報道されているので，倒産の危険性は比較的早い段階で察知できたと思われるが，このような情報のない通常の企業について，例えば，航空機に含み損があるなどの事実は，一般の分析者には分からないのが普通であろう。

　売上債権や棚卸資産などに含み損を隠した場合には，回転期間により発見できることが多いのだが，航空機のような固定資産では，毎期確実に減価償却を実施している限り，含み損の推定は困難であり，同業他社との比較や，損益分岐点などから企業の損益構造や体質を読み解き，構造面などから含み損を推定するなどの工夫が必要になる。

ケース7　そ　の　他

1　インターネット総合研究所

　平成17年9月に株式会社インターネット総合研究所は，循環取引による粉飾を繰り返して，売上高を水増しした例として，本書第2部にて紹介した株式会社アイ・エックス・アイ（ＩＸＩ）の株式52.5％を取得して連結子会社とした。

　ＩＸＩは，平成19年1月21日に民事再生手続開始の申請を行い倒産したし，同年6月29日付で上場廃止となった。

　インターネット総合研究所では，ＩＸＩの倒産により，同社に対する投資に対して144億円の評価損を計上した。しかし，インターネット総合研究所の損害はこれだけに留まらず，ＩＸＩの倒産により連結決算が纏まらず，監査法人からの監査報告書が入手できないことから，インターネット総合研究所も上場廃止の処分を受けた。さらに，ＳＢＩとの間で進めていた経営統合の話もお流れとなった。

　安易に子会社にしたために，買った株式が紙切れになっただけでなく粉飾企業の道連れになって，上場廃止になってしまった。

　会社を併合したり，子会社などにするのに，事前に十分な調査（デューデリジェンス）をせずに実行したことのツケだと思われる。監査法人による監査でも見逃されていた粉飾だから，厳重に調査をしても見抜けなかった可能性もあり，それこそ本当のリスクになる。

　表22はインターネット総合研究所の平成16年3月期から同19年3月期までの，主要業績・財務数値の推移表である。

第3部　通常企業のリスク分析

表22　インターネット総合研究所主要業績・財務数値推移表

(単位：百万円)

	16／3	17／3	18／3	19／3
売　上　高	18,525	18,822	68,366	15,354
経　常　利　益	−600	523	3,355	−824
当　期　純　利　益	1,812	581	3,092	−16,264
売　上　債　権	5,556	4,971	8,991	2,883
棚　卸　資　産	419	473	9,801	584
前　払　費　用	0	2,590	2,325	1,444
固　定　資　産	6,624	9,305	20,727	8,750
総　資　産	16,999	23,749	56,053	18,737
仕　入　債　務	4,227	3,594	13,970	1,410
借　入　金	200	4,829	7,816	4,700
負　債　計	6,149	9,846	24,074	7,527
純　資　産　計	9,947	11,408	32,979	11,210
自己資本比率(％)	58.5	48.0	58.8	59.8
リスク対象額	−12,599	−17,339	−41,844	−23,648
リスク予想額	−5,040	−6,936	−16,738	−9,459
リスク構成比(％)	−29.6	−29.2	−29.9	−50.5

　表22では，インターネット総合研究所では前払費用の残高が多いので，リスク対象額に加えてある。

　平成18年3月期にIXIを連結に含めたことで，売上高は前年度の3.6倍の684億円に膨らんだし，当期純利益は同じく5.95倍の31億円になった。

　平成19年3月期にはIXIを連結から除外したため，売上高は平成17年3月期以前以下の水準に落ち込んだし，IXIに対する投資144億円を評価損で落としたために，当期純損益は163億円の赤字になった。

　リスク予想額は平成18年3月期末には167億円に急膨張している。投資の大部分がIXIへの投資額なので，40％の損失予想率は低すぎる感じがするが，それでも，平成19年3月期の当期純損失163億円をカバーできている。ただし，上場廃止により発生するリスクまでは折り込まれていない。

　インターネット総合研究所は，倒産したわけではないが，上場廃止により，株主は大変な損失をこうむっている。

外部の分析者には，どの程度の調査を行って株式を買収したのかなど分からないのだが，一般論としても，企業買収の結果，規模が一挙に4倍にも膨れ上がるのは異常だし，リスクが著しく高いと判断するべきである。

2 ケンウッド・ホールディングス

最近，子会社による不適切会計処理や不正行為が発覚して，訂正連結財務諸表を発表する企業が続出している。その中で，ケンウッド・ホールディングスの例を紹介する。

平成19年7月，日本ビクター株式会社と株式会社ケンウッドは，カーエレクトロニクス事業及びホームビデオ事業での協業と両者の経営統合の検討の柱とした資本業務提携契約を締結した。

平成20年5月，ビクターとケンウッドが共同持株会社設立（株式移転）による経営統合に合意，契約書を締結した。同年10月には，共同持株会社「ＪＶＣ・ケンウッド・ホールディング株式会社」を設立し，東京証券取引所市場第一部に上場した。

同年10月には，会社分割により，ビクターとケンウッドのカーエレクトロニクス事業に関する開発・生産機能を，両社の共同出資で設立したＪ＆Ｋテクノロジーズに継承，同じく会社分割により，ケンウッドのホームエレクトロニクス事業に関する商品企画・営業機能を，新たに設立した株式会社ケンウッド・ホームエレクトロニクスに継承した。

このようにしてスタートしたＪＶＣ・ケンウッド・ホールディング株式会社は，平成21年6月24日には第一期の有価証券報告書を発表した。

平成22年3月12日にケンウッド・ホールディングスは経営統合前のビクターにおいて平成17年3月期以降不適切会計処理が行われていたことを明らかにし，同時に訂正有価証券報告書を公開した。

これによると，平成21年3月期末現在で，856億円であった純資産が112億円減少して744億円になっている。

第3部　通常企業のリスク分析

　また，平成21年4月28日に発表した平成22年3月期の業績予想では，平成22年3月期の当期純損益はゼロの予想だったが，同年7月31日には100億円の赤字に訂正され，さらに，平成22年3月12日には285億円の赤字に下方修正された。

　平成22年3月期の当期純損失は結局，278億円の赤字になったが，損失計上により，日本ビクターにおけるシンジケート・ローン方式のコミットメントライン契約などに付されている財務制限条項に抵触することになった。その結果，平成22年3月12日付の平成22年3月期の第2四半期報告書には，継続企業の前提に疑義がある旨の注記が記載された。

　ケンウッドのケースも，日本ビクターの財務内容についてのデューデリジェンスに手抜かりがあったことが推察されるが，あずさ監査法人が監査をしていて，適正意見を付されていることから，巧妙に偽装されていて，不可抗力であった可能性もある。

　ケンウッド・ホールディングスでは，平成21年6月24日付の内部統制報告書では，「代表取締役会長兼社長兼最高経営責任者河原春郎は，平成21年3月31日現在における当社グループの財務報告に係る内部統制は有効であると判断いたしました」としていたのを，平成22年3月12日付の訂正内部統制報告書で「下記に記載した財務報告に係る内部統制の不備は，財務報告に重要な影響を及ぼすことになり，代表取締役会長兼社長兼最高経営責任者河原春郎は重要な欠陥に該当すると判断いたしました。したがって平成21年3月31日における当社グループの財務報告に係る内部統制は有効でないと判断いたしました」に訂正し，縷々説明を加えている。

　また，付記事項について「財務諸表にかかる内部統制の有効性の評価に重要な影響を及ぼす後発事象等はありません」とあったのを，「内部統制の不備については，調査委員会の調査により明確化されたことではあり」としながらも，当社発足後，当社グループは継続して内部統制システムの整備，運用を努めてきており，今回の不適切会計処理についても，当社の月次経営会議と，それに続く経営監査室の現地調査が発見のきっかけになっており，今後これを徹底していくことによって抑止力が高まり，不適切な会計処理を未然に防げるものと

考える，としている。

　要は，システムの整備に終始していて，厳しく運用する気構えに欠けていたのではないかと推察される。

3　その他

　英国の石油メジャーＢＰでは，平成22年4月20日に発生したメキシコ湾での掘削現場の爆発事故により，多数の作業員が死亡したほか，原油の流出を止められずに，復旧の目処がついていないなど，米国最大の原油汚染事故に発展している。

　今後発生が予想される処理費用や，損害賠償や漁業の補償などが膨大にのぼることが予想されることから，ＢＰの格付けは，ダブルＡから一挙に6段階下のトリプルＢに引き下げられた。

　食肉の産地偽装事件は雪印乳業以来発覚が相次いだし，賞味期限の書き換えなども有名食品ブランドにおいて行われていたことが明るみに出た。その都度，信用低下や不買運動などで，経営破綻に陥る企業が多く現れた。

　前の客の食べ残し料理を別の客に提供する不正行為を摘発され，老舗の料亭が廃業に追い込まれている。

　これら不正行為などで倒産した例は，上場会社ではまだ発生していないが，加ト吉が日本たばこ産業の傘下に入ったり，不二家が山崎製パンの系列になって再建を図るなどの例が増えている。

ま と め

1　資産残高とリスクの上限

　このところ，世界中を震撼させるようなさまざまな異変が起きていて，異変が起こる都度，異変に直接関係した企業のみならず，周辺の企業も甚大な損害を被る事態が続発している。

　平成16年の中越大震災による地場産業が大きな被害を受けたし，平成21年の新型インフルエンザの流行による旅行業者や宿泊業者などが苦境に陥った。平成22年2月7日にチリで起きた地震による津波の被害で宮城県のかき養殖業者が壊滅的な被害を受けている。平成22年4月に罹病が確認されて以来猛威をふるっている宮崎県での家畜の口蹄疫による被害などが，連日新聞記事を賑わしている。

　天災のほかにも，牛肉や米などの産地偽装事件による周辺業者の風評被害などの人災事故もある。米国のメキシコ湾での原油流出事故においても，当事者である石油メジャーのBPだけではなく，周辺の漁業業者などにも多大の被害を与えている。

　これらリスクによって企業が受ける被害の大きさについては，本書では，企業の資産残高を限度とし，リスクに対する引当てとしては純資産を上限とすることで，資産残高と純資産の両面からリスクについての枠を設定した。

第3部　通常企業のリスク分析

　リスクの発現によって受ける損害には，資産が滅失したり，価値が減少するなどの資産に関するもののほかに，損害賠償金の支払いや，事故の事後処理費用などが流出する金銭的な損失の2種のものがあるが，本書では後者は，最終的には資産が引当てになるので，資産が被る損害に含めている。

　損害賠償金の支払いなどは，金額が無限に増大する可能性があるし，事故の事後処理費用なども想像を絶する金額になる可能性もある。しかし，実際問題として，支払能力の面からは，資産残高などが限界になると考えられるし，債務超過に陥るか，その直前の状態で民事再生法の適用を申請するなどして倒産するのが一般的だとすると，純資産もリスクの限界を形成するひとつの要素になる。

　以上の観点から，リスクの評価法としては，リスク対象資産を決めて，最大級のリスクが実現したときに，これら対象資産についてどの程度の損失が発生するかによりリスク予想額を決めてリスクの大きさを測定することにした。リスクに対する引当てとしては純資産を考え，リスク予想額が純資産の範囲に収まっているかどうかで，リスク抵抗力を測定することにした。

　以上のように定義すると，一般の企業についてのリスクは，通常のケースでは，商品開発の失敗などから，業績不振に陥って経営が破綻するリスクなどとは，本質的に大差がないことになる。

　日常の経営問題として，環境に適切に順応して，機敏に行動することと，自己の体質や実力を十分に認識して，実力の範囲内で事業を展開することがリスク防衛の鉄則となるし，これは，通常の経営管理においても守られるべき基本原則でもある。

　外部の利害関係者は，経済全般や流通市場などの環境の変化に注意して，リスクが起きやすい業種や企業を察知して，自衛体制をとることも必要だが，実際問題として，そこまでは調査ができないことが多いので，財務体質によるリスク抵抗力に注目して，取引先などのリスクによる突然死などの被害から逃れる努力をするしかない。

　この目的のためには，本第3部で設定した，企業が保有する資産の中からリ

まとめ

スク対象資産を選び，さらにそれら対象資産についての，損失額の限界を予想してリスク予想額をきめるモデルが効果的である。さらに，純資産をリスクの引当てとして，両者をくらべてリスクに対する抵抗力の評価をする方法は合理的であると考える。

しかし，基本的には，この方法は，第１部で設定した，財務情報による総合評価法がベースになっており，一般原則の応用に過ぎない。

2 リスクと放漫経営などとの違い

第３章では，黒字倒産をリスク発現のケースとして取り上げたが，これまでなら，まだ倒産することはないと思われるような会社が，金融機関の気まぐれに近い判断で，突然に倒産したと思えるようなケースが続いたので，リスクとして取り上げたものである。

しかし，貸し剥がしなどに対する世間の目が厳しくなっているので，金融機関としても，融資を断るには，合理的な根拠が必要であり，気まぐれで判断したと思えるようなケースは姿を消すことが期待される。事例研究により，どのような体質の会社が金融機関から融資を断られるのかの傾向を調べることにより，黒字倒産はリスクではなく，通常の業績不振の倒産に仕分けできることになると考えられる。

これまでの事例調査では，業績の低迷状態が続いており，しかも，回復の見込みが薄い会社については，現在，財政状態に余裕があっても，早い段階で融資を打ち切られるケースが多いようである。

過去に金融機関などから特別な支援を受けたのに，その後も収益力が回復せず，業績不振が続いている企業に対しては，特に注意が必要と思われる。また，粉飾に対する金融機関の態度が厳しくなっているので，粉飾の疑いのある企業には特に注意が必要である。

第３章では，バブル崩壊をリスクの発現としてとらえたが，バブルは必ず崩壊するものなので，厳密にはリスクとはいえない。しかし，バブルは崩壊する

第3部　通常企業のリスク分析

ものだが，いつ崩壊するかが分からないので，つい，撤退の時期を見失って，膨大な損失を被ることになる。崩壊の時期が分からないという意味で，リスクであるとも解釈できる。

バブル汚染企業とは取引など敬遠すべきなのである。バブル汚染の初期は，通常の企業とはそれ程変わりがなく，見分けがつきにくいので，バブル汚染企業のパターンを前もって決めておき，パターンに当てはまるようになった段階で
バブル汚染企業と認定して，はっきりとリスクを認識することが肝心である。

次に，賞味期限や原産地を偽って表示するなどの不祥事が判明して，業績不振に陥ったケースを取り上げたが，この種のリスクも，本質的には粉飾や放漫経営のケースと大差がないので，リスクとして取り扱うべきではないのかもしれない。ただ，経営者が知らないところで不正が行われている場合，突然に事件が発覚して，会社側でも適切な事後対策が取れないようなケースもあるし，業績が急激に悪化して，経営破綻に陥るケースもあるので，これこそ本当のリスクと言えるのかもしれない。

この種のリスクに対しては，頻繁に財務体質を見直すことが大切だが，財務以外の情報にも注意して，予兆を早く察知することも大切である。

子会社や一部の経営者や従業員による不適切会計処理や金銭着服などの不正行為により，企業が損失を被る事件が相次いでいるが，上場会社では，これまでのところ経営破綻に至るほどのリスクになった例がないようだし，損失が大きい場合でも，パトロンが現れたり，他の優良会社の傘下に入るなどで，大事には至っていない。

第4部

総　　　括

　第4部では，これまでの検討結果を踏まえて，リスクに対する引当てとなる純資産の意味などについて再検討する。リスクに対する引当てとしては，自己資本比率の高さだけでなく，内部留保率の高さも重要であることに注意が必要である。

　リスクの発現による事故などについて，未上場の一般の企業についての現状をも調査し，最後に，リスク防禦に対する内部統制の効果についても触れる。

第1章

リスクに対する引当てとしての純資産

1　30/10の法則

　筆者はこれまで30/10の法則を，取引先の選別に利用していた。

　これは，自己資本比率が30％以上あれば当面は安全だが，10％以下の会社には特に注意が必要だとするもので，企業評価の目安として設定したものである。

　かつては（おおむね西暦2000年以前）においては，自己資本比率が30％もある会社が倒産することなど滅多になく，倒産会社の大部分は，既に債務超過に陥っているか，自己資本比率が10％未満の会社であったので，この法則は大変に効果的な法則であった。

　第一部の総合評価で，①財務安全性の評価基準として，30％以上をやや健全，40％以上を健全とし，10％未満（債務超過を含む）を危険状態と定義したのは，このような経験を踏まえてのものであるが，最近は自己資本比率が30％以上の会社の倒産が増えており，この法則の効果が低下している。

　表1は，平成9年中及び同21年1月から22年5月までに倒産した上場会社について，各倒産会社の倒産年月，会社名，業種，総資産回転期間（月）と自己資本比率（％）を記載した表である。

第4部 総 括

表1 上場会社の倒産記録表（金融業を除く）

(単位：回転期間：月，比率：%)

倒産年月	会社名	業種	総資産回転期間	自己資本比率
9／1	京樽	飲食チェーン	13.5	21.3
2	アイ・ジー・エス	情報処理サービス	19.4	14.9
2	理化電機工業	理化学計器	15.4	5.6
3	五十鈴建設	マンション販売	48.5	0.3
3	オールコーポレーション	不動産業	233.9	マイナス
7	東海興業	総合建設	23.9	マイナス
7	多田建設	総合建設	16.2	7.8
8	大都工業	総合建設	16.3	8.5
9	ヤオハンジャパン	大手スーパー	12.9	7.0
12	東食	食品商社	12.2	9.7
12	日東ライフ	総合レジャー業	32.2	0.9
12	函館製網船具	魚網	10.7	1.6
21／1	東新住建	建設	8.9	7.7
1	クリード	不動産運用	33.9	19.3
1	サイバーファーム	サービス	15.9	31.8
2	中道機械	卸売業	10.8	13.2
2	日本総合地所	マンション分譲	25.7	16.4
2	ニチモ	マンション分譲	26.8	1.6
2	小杉産業	繊維製品	5.9	17.2
2	あおみ建設	建設	10.4	26.8
2	トミヤアパレル	繊維製品	14.3	39.0
3	エスグラントコーポレーション	マンション分譲	8.3	3.7
3	アゼル	マンション分譲	12.9	23.1
4	中央コーポレーション	不動産開発・賃貸	22.9	14.8
4	ライフステージ	マンション販売代理	22.0	3.2
5	ジョイント・コーポレーション	マンション分譲	22.0	22.6
6	アプレシオ	総合カフェ経営	6.8	マイナス
9	シルバーオックス	アパレル製品販売	6.6	27.6
10	ゼンテック・テクノロジー・ジャパン	ソフトウエアー開発	41.3	マイナス
22／1	日本航空	航空事業	10.8	11.2
5	プロパスト	不動産業	7.6	マイナス
5	コマーシャル・アールイー	不動産サブリース	7.8	2.7
5	エフオーアイ	半導体製造装置製造	29.5	47.3

　表1によると，平成9年では12社中2社を除き自己資本比率が一ケタ台かマイナスであるが，平成21年以降では，21社中にマイナスの会社は3社しかないし，一ケタ台の会社は5社に過ぎない。これに対して，30%台が3社あるし，20%台も4社ある。

第1章　リスクに対する引当てとしての純資産

▌2▐　粉飾の態様の変化

　自己資本比率が高い状態で倒産する会社が増えたのは，ひとつは黒字倒産が増えたことによるが，粉飾によるものも多いと考えられる。より正確にいうと，粉飾についての考え方が変わったことによると考えられる。

　従来は，企業は銀行からの融資に大きく依存していて，銀行さえ融資をしてくれれば，自己資本比率などそれ程高くする必要がなかった。最近では，銀行からの間接金融よりも，株式市場での直接金融を重視する企業が増えた。株式市場で資金を調達するには，できるだけ株価を引き上げて調達条件を有利にする必要がある。そのためには，粉飾によってでも，損益をよく見せるとともに，自己資本比率も高く維持することが望まれる。

　粉飾により，自己資本比率を高く維持するには，2通りの方法がある。ひとつは，自己資本比率を計算する際の分子になる純資産を減らさないこと，もうひとつは，分母の資産合計額を増やさないことである。

　会計ビッグバンが威力を発揮する前は，不良資産などの査定基準が甘く，不良資産をいつまでも健全資産と偽って，貸借対照表に表示している企業が多かった。そのため，実質的な不良資産の増加に従って総資産が膨らんでいった。特に，1991年初にバブルが弾けた後の何年間かは，財テクに失敗した企業や，不動産ブームに狂奔して多額の不動産在庫を抱え込んだ企業では，これら資産の不良化に伴い総資産回転期間が著しく上昇していて，総資産回転期間が20か月を超えるような企業はざらであった。

　最近は，不良資産の査定が厳しくなったために，不良資産で総資産回転期間が大きく膨らむような例は稀になり，この回転期間が16か月を超えるのは，一部の不動産会社や，電力会社のような装置産業の会社を除き，殆ど見られなくなった。それに，各企業ともに，合理化のために，無駄な資産を削減して軽量化を図っており，その効果により資産合計額が大幅に減少する企業が増えている。

225

第4部 総　括

　表1によると，平成9年の倒産会社で，総資産回転期間が20か月を超える会社が12社中4社あるし，16か月を超える会社も，上記の4社の他に3社もある。平成21年では，不動産関連の会社以外で16か月を超えるのは，ゼンテック・テクノロジー・ジャパンとエフオーアイの2社だけである。

　分子の純資産を減らさないためには，損失を出さないことが必要である。利益の水増しにより赤字を隠して，純資産が減少しているのを隠すのが粉飾の主な手口である。ただ，最近では監査法人などによる会計士監査が厳格化していることもあって，粉飾が発覚して，実態をさらけ出す企業が多い。その結果，これまで自己資本比率が30％以上あった会社が突然に債務超過に陥る会社が多いし，債務超過に陥らない会社でも，証券取引所の制裁や信用低下により，突然に倒産する。

　これに対して30/10の法則のもうひとつの基準である，10％未満は危険というのは現在でも生きている。この法則の意味は，債務超過の会社はいうに及ばず，自己資本比率が一ケタ台の会社にも債務超過の会社と同じ程度の注意が必要ということなのだが，これにも粉飾が関係している。

　自己資本比率が10％以下ということ自体も，注意信号なのだが，実際には，債務超過に陥っているのに，粉飾で純資産をプラスに維持している会社が多いのである。

　粉飾をするのなら，思い切り利益を水増しして，自己資本比率を30％以上に引き上げればよいのだが，そのような大規模な粉飾は実行が困難である。粉飾利益に基づいて税金を払うのは，赤字企業には耐えられないし，財務のバランスが崩れて，辻褄を合わせるのが大変である。

　自己資本比率30％を減らさないようにするのは比較的簡単だが，債務超過を30％に嵩上げするのは簡単ではないのである。

　30/10の法則は，リスクの評価にも役立つ。第2部及び第3部で見たとおり，先行投資のリスクも，通常の企業のリスクも，資産合計額の30％台であることが多く，自己資本比率30％以上あることが，リスクに対抗できる抵抗力の一応の目安になる。

30/10の法則の効果が低下していることも含め，企業評価には粉飾の発見が重要な意味を持つことは，監査法人などによる監査が行われ，内部統制の整備が進んでいる上場会社についても，事情は変わらない。

総合評価における効率性の評価などで，粉飾をあぶりだすことのほかに，不自然な成長スピードや，同業者の実態とは違った動きに注目するなど，常識を働かせた粉飾の推定法なども駆使して，本当の財務安全性の数値を把握する努力が必要である。

3 リスク予想法の妥当性

成長企業以外の一般の企業については，雪印乳業や不二家の例で，不祥事が明るみに出たことで，生産ラインが全面的にストップするような，大混乱に陥ったのだが，その場合でも，リスク発現による損失額は，リスク対象額の40％程度に収まっている。

リスク対象額の40％をリスク予想額とすると，大抵の企業では，リスク予想額の資産総額に占める比率（リスク構成比）は，30％台になるので，自己資本比率が40％以上であれば，大抵のリスクには持ちこたえることができることが推察される。30％でも当面の安全性は高いと判断できる。

雪印乳業や不二家のケースを超えるようなリスクが発現した場合には，大抵の企業では債務超過に陥って，倒産することが予想される。したがって，リスク発現による損失の上限を，リスク対象額の40％としたのは，理論的には証明できていないが，結果としては妥当であったと推察できる。

予想の範囲を超えるリスクはいつでも起こる可能性があるので，リスク構成比は40％を上限とすることは理論的ではない。しかし，不二家のケースのように，リスク発現の直後に，一挙に多額の損失が出るような例はまれであり，通常は，何年かにわたって徐々に損失が発生することが予想される。

リスクには上限を設けることはできないが，1年ごとに評価を見直して，財務安全性などの修正を加えていくことによって，外部の利害関係者も，リスク

第4部　総　　括

に対処できることが多いと思われる。

　第3部で取り上げた成長企業以外の企業でも，トスコ株式会社，株式会社不二家では倒産または事件発生直前期の自己資本比率は30％を超えているが，利益剰余金は両社ともにマイナスであった。

　自己資本比率が高くても，内部留保の少ない会社は，収益性の伴わない会社であり，成長過程にない会社でも，期間損失のみならず，リスク発現による臨時損失により，経営破綻に陥る危険性の高いことが推察できる。

第2章

未上場会社も含めた総まとめ

1 事業の多角化によるリスクの局地化

　上場会社でのケーススタディにおいては，予期しないリスクが発現したことが主因で自力での経営継続が問題になった会社は不二家だけである。リスクの発現が主原因であったと見えるケースも，実は，体質の悪化により損失が累増した結果倒産した事例の特殊なケースであったり，粉飾により実像を隠していた会社が，実態をさらけ出した結果倒産したかのどちらかである。不二家のケースにしても，多数のスタッフが関与しているので，予期しないリスクとは言えない可能性がある。

　そこで，上場会社に限らず，一般の企業について，倒産の主因からリスクの発現による倒産会社の実態を調べてみたい。

　表3は，帝国データバンクの調査による平成19年度から21年度までの各年度における負債総額が10百万円以上の倒産会社の，倒産主因別の分類表であり，主因別に件数と構成比の両方を記載してある。

第4部　総　　括

表2　平成19～21年度中倒産会社主因別分類表

(単位：百万円)

	平成19年度		平成20年度		平成21年度	
	件　数	構成比	件　数	構成比	件　数	構成比
販　売　不　振	8,115	71.6	9,677	73.1	9,728	75.6
輸　出　不　振	14	0.1	11	0.1	14	0.1
売掛金回収難	210	1.9	221	1.7	180	1.4
不良債権の累積	84	0.7	96	0.7	94	0.7
業　界　不　振	356	3.1	537	4.1	510	4.0
不　況　型　合　計	8,779	77.5	10,542	79.7	10,526	81.8
放　漫　経　営	441	3.9	373	2.8	302	2.3
設備投資の失敗	203	1.8	171	1.3	101	0.8
その他の経営計画の失敗	279	2.5	332	2.5	270	2.1
そ　の　他	1,631	14.4	1,816	13.7	1,667	13.0
合　　計	11,333	100.0	13,234	100.0	12,866	100.0

出典：帝国データバンク「全国企業倒産集計2009年度報」による。

　表3によると，3年間のいずれの年度においても，倒産会社の70％以上は，販売不振により倒産している。

　表3には，突然のリスクに襲われて倒産した会社の分類などないが，売掛金回収難は主に取引先倒産による連鎖倒産を指すものであり，その多くは，リスクによる倒産であると解釈できる。ただしこの要因の比率は，不良債権の累積による倒産を含めても，3％以下であり，それ程多くはない。

　次に，表3の設備投資の失敗には，本書でいう先行投資のリスクが発現したものが含まれている可能性があるが，この原因による倒産も多い年度で1.8％に過ぎない。設備投資の失敗の大部分は，ブーム時のムードにつられて安易な投資に走った結果，過剰投資となったようなケースが多いと推察され，先行投資の失敗によるものがどれだけあったのかは不明である。

　その他に分類されたものが毎年13～14％あり，この中には，リスクの発現による倒産が含まれていると思われる。リスク発現による倒産はさまざまな形態をとるので，これをひとつには纏められないので，その他として一括して取り

第2章　未上場会社も含めた総まとめ

扱うことになるのかもしれない。それにしても，リスク発現による倒産は，それ程多い数ではないことが推察される。

　上場会社の場合でも，何年かさきにまでさかのぼっても，明らかにリスクが実現して倒産したとされる例は殆どないように思われる。最大級のリスクが発現しても，資産合計額の30％を超えるような規模の損害を被った企業はあまりなかったことが推察される。

　ただ，倒産までには至らないでも，加ト吉が日本たばこの傘下に入ったり，不二家が山崎製パンの系列入りした例などは，リスクが実現したものと見られる。

　第3部において推定したように，上場会社はそこそこの規模に達していて，リスクに対する抵抗力があるし，内部統制の整備などで，企業内部が原因のリスクから防衛する組織や訓練ができている。予測不能の大規模リスクについても，保険をかけたり，事業の多角化などにより，損失を会社としての許容金額の範囲内に収める体制を敷いていて，大部分のリスクに対処できていることが推察される。

　経営の多角化によるリスクの局地化策が奏効して，リスクの発現による損失が，一部の子会社や事業所などの業績に封じ込めているが，子会社の整理損や，事業売却損などの形で，リスクの発現による損失が，グループの財務情報に現れている可能性もある。現在は偶々事件が起きていないが，忘れた頃に突然大きな災難に見舞われる可能性もある。

　いずれの場合でも，総合評価などによる企業評価を年1回見直すことにより，この種のリスクを評価に取り入れる努力をする必要がある。

　総合評価に際して，対象会社の財務の変化だけではなく，周囲の環境の変化などにも考慮してリスクを織り込んだ評価をすることが大切である。

　ただ，ごく短期間で壊滅的な損害をもたらすようなリスクを，財務情報による総合評価法で事前に察知するのは困難と思われるが，事業の性質や，多角化の程度などにより，リスクの大きさをある程度までは予知できるだろう。

第4部　総　　括

2　粉飾について

　相変わらず粉飾が盛んである。監査法人などによる会計監査が義務付けられている上場会社などでも粉飾がなくならないのだから，一般の未上場会社では，粉飾には特別な注意が必要なこと，これまでと同じである。

　粉飾は成長会社，停滞会社の別なく行われており，成長会社については，あまりにも急な成長には特に注意が必要である。成長にはそれなりの堅固な財務基盤が必要であり，財務基盤が脆弱なまま成長を続けている企業には，まず，粉飾を疑ってみる必要がある。粉飾でない場合でも，将来，経営破綻に陥りやすい極めて危険な会社として，粉飾企業と同等の注意が必要である。

　停滞会社については，売上高が減少を続けていて，最盛期の3分の1程度にまで落ち込んでいるのに，リストラにより利益体質を維持している会社が多いのだが，これらの中には，粉飾により赤字を隠している会社の多いことが推察される。特に，売上高の減少が続いていて，回復の見込みが立たない会社では，単なるリストラだけではなく，事業縮小の大規模な構造改善の実施が必要である。したがって，表面的には利益が出ていても，構造改善のための損失が含み損になっている可能性が高いので，その分だけ，財務安全性の評価などで，割り引いて評価する必要がある。

3　内部統制とリスク管理

　内部統制の整備は，子会社や一部の部門の不正行為や粉飾などにより，突然巨額の損失が表面化するリスクを回避するのに役立つ。

　最近，グループ内での不適切会計処理や不正行為などによって，過去の決算内容を訂正する企業が増えているが，これらの会社では，内部統制報告書の内容までも訂正している企業が多い。

　前回の調査では，内部統制が有効に働いていると認識していたが，事故が起

こってから再調査すると,やはり内部統制に欠陥があったことが判明したとして,改善を約束するケースが多く見られる。

　このような試行錯誤の結果として,内部統制が改善され,思いがけない事故の防止に強力な武器になることが期待される。

　ただし,内部統制は,予期しない大規模天災や,環境の激変などにも効果的であるとは限らないが,各部門の組織が整備され,組織的に行動する習慣が定着していれば,天災などで非常事態が発生しても,組織として適切に行動できるし,事後処理もより迅速に行われる可能性が高い。

　あるいは,リスクを伴う計画案件についても,一定の手順に従って協議の上で決定することによって,見通し違いなどのリスクを軽減することが可能である。

索　引

〔う〕

売上債権 …………………………… 132
売上債権回転期間 …………………… 52
売上高営業利益率 …………………… 51
運転資産要素 …………………… 46, 54
運転資本 ……………………………… 30
運転資本要素 ………………………… 32

〔え〕

営業ＣＦ ……………………………… 5
営業ＣＦを嵩上げする効果 ………… 84

〔か〕

回帰直線 …………………………… 207
回帰分析 …………………………… 205
会計士監査 ………………………… 226
会計ビッグバン …………………… 225
会社更生手続 ………………… 67, 197
回収先行型 ………………………… 34
改訂自己資本比率 ………………… 54
回転率 ……………………………… 23
格付け ……………………………… 215
過剰資産 …………………………… 5
過剰投資 …………………………… 5
借入金依存度 ……………………… 15
借入金回転期間 …………………… 20
間接金融 …………………………… 225

〔き〕

企業再編成 ………………………… 130
基礎資金 ………………………… 13, 27
基礎資金回転期間 ………………… 27
基礎資金構成比 …………………… 27
規模 ………………………………… 17
業界再編 …………………………… 139

共同持株会社 ……………………… 213
業務提携 …………………………… 195
金銭着服 …………………………… 220
金融機関の貸し渋り ……………… 153

〔く〕

黒字倒産 ……………………… 13, 153

〔け〕

経営成績 …………………………… 139
経営統合 ……………………… 211, 213
継続企業 …………………………… 207
継続企業の前提に関する注記 … 199, 209
決算短信 ……………………… 198, 199
決定係数 …………………………… 205
減損処理 …………………………… 5

〔こ〕

構造改善 …………………………… 21
合法的な含み損 …………………… 197
効率性 ……………………………… 17
固定資産 …………………………… 132
固定資産回転期間 ………………… 5
固定費 ……………………………… 205
固定比率 ……………………… 20, 74
個別財務諸表 ……………………… 80
コンプライアンス意識 …………… 104

〔さ〕

財政状態 …………………………… 139
財務安全性 ………………………… 17
財務情報による安全性評価 ……… 18
財務制限条項 ……………………… 214
債務超過 …………………………… 10
サブプライムローン ……………… 164
3 要素総合回転期間 ……………… 28

235

3要素総合残高……………………27

〔し〕

CF計算書 ………………………19, 31
仕入債務回転期間…………………81
事業等のリスク …………………130
資金繰り表…………………………19
自己資本比率………………………11
資産活性化事業 …………………177
資産超過……………………………33
実質資産総額 ……………………193
支払先行型企業……………………32
四半期売上高 ……………………205
四半期ごとの推移 ………………203
資本コスト…………………………19
収益性………………………………17
従属変数 …………………………205
集団食中毒事件 …………………191
30/10の法則……………………223
循環取引 …………………108, 211
準国策会社 ………………………197
純資産………………………………11
純資産回転期間……………………11
純資産当期純利益率………………22
純資産の構成内容 ………………121
償却資産 …………………………201
証券取引等監視委員会 …………108
常識的な判断………………………63
上場廃止 …………………………211
シンジケート・ローン方式のコミット
　メントライン契約 ……………214

〔せ〕

正常回転期間 ……………23, 103, 18
正常値………………………………41
正常利益率 ………………………208
成長性………………………………17
先行投資……………………………5

〔そ〕

総合評価……………………………9
総資産………………………………11
総資産回転期間……………………3
総資産当期純利益率………………21
損益分岐点 ………………………207
損害賠償金…………………………29

〔た〕

第三者委員会 ……………………103
タイムラグ…………………………44
棚卸資産 …………………………132
棚卸資産集中率 …………………178

〔ち〕

帳簿価額……………………………30
直接金融 …………………………225

〔て〕

DPF ……………………………170
抵抗力………………………………9
訂正損益計算書……………………62
訂正有価証券報告書 ……………213
手許流動性…………………………15
デューデリジェンス ……………211
店頭登録……………………………49

〔と〕

倒産主因別の分類表 ……………229
倒産予知 …………………197, 210
投資CF ……………………………5
特別退職金…………………………30
独立変数 …………………………205

〔な〕

内部統制の不備……………………59
内部統制報告書 …………………214
内部留保……………………………69

索　引

内部留保率 ……………………116
〔に〕
日本基準 ………………………3
〔ね〕
年度比増減倍数 ………………69
〔は〕
バブル汚染企業 ………………179, 185
バブル最盛期 …………………183
バブル崩壊期 …………………183
〔ひ〕
ＢＳＥ …………………………191
評価の有効期間 ………………25
〔ふ〕
含み益 …………………………12, 13
負債のレバレッジ効果 ………19
不祥事 …………………………153, 195
不適切会計処理 ………………57, 220
不動産開発事業 ………………177
不動産投資ファンド …………186
フリーＣＦ ……………………5
不良化在庫 ……………………181
不良化資産 ……………………181
粉飾 ……………………………57
粉飾による水増し資産 ………22
粉飾発見 ………………………60
〔へ〕
平均年間成長率 ………………111
米国基準 ………………………3
変動費 …………………………205
変動費率 ………………………205, 206
〔ほ〕
包括利益 ………………………21

放漫経営 ………………………182
簿外負債 ………………………30
〔み〕
民事再生法 ……………………10, 110, 17
〔も〕
モデル評価法 …………………129
モデル方式 ……………………57
〔ゆ〕
有価証券報告書 ………………130, 199
遊休資産 ………………………22, 77
〔よ〕
与信管理 ………………………25
〔り〕
リース資産 ……………………201
リーマンショック ……………177
利益要素 ………………………32
リスク構成比 …………………54
リスク測定法 …………………77
リスク対象額 …………………44, 54
リスク対象資産 ………………10, 132
リスク抵抗力 …………………15
リスクに対する抵抗力 ………11
リスクの発現 …………………131
リスクの予想額 ………………132
リスク評価の一般モデル ……132
リスク累計額 …………………54
流動資産回転期間 ……………52
流動比率 ………………………19
〔れ〕
連結子会社 ……………………211
連結財務諸表 …………………3, 80

〔わ〕

割引率 …………………………………208

<著者略歴>

井端　和男（いばた　かずお）

略歴：
　1957年　　　　一橋大学経済学部卒業
　　同年4月　　日綿実業（現双日）入社，条鋼管部長，国内審査部長，子会社高愛株式会社常務取締役などを歴任。
　1991年7月　　公認会計士事務所を開設。現在に至る。

資格：
　公認会計士

主な著書：

倒産予知のための財務分析	商事法務研究会	1985年3月
与信限度の設定と信用調書の見方	商事法務研究会	1998年11月
リストラ時代の管理会計	商事法務研究会	2001年9月
いまさら人に聞けない「与信管理」の実務 改訂版	セルバ出版	2004年8月
粉飾決算を見抜くコツ 改訂新版	セルバ出版	2009年11月
いまさら人に聞けない「四半期決算書」の読み解き方	セルバ出版	2006年9月
最近の粉飾〔第3版〕－その実態と発見法－	税務経理協会	2010年5月
黒字倒産と循環取引－および粉飾企業の追跡調査－	税務経理協会	2009年1月
最近の逆粉飾－その実態と含み益経営－	税務経理協会	2009年9月

著者との契約により検印省略

平成22年9月1日　初版第1刷発行

リスク重視の企業評価法
　　　－突然襲ってくる存亡の危機に
　　　　どこまで耐えられるか－

　　　著　者　　井　端　和　男
　　　発行者　　大　坪　嘉　春
　　　印刷所　　税経印刷株式会社
　　　製本所　　株式会社　三森製本所

発行所　東京都新宿区下落合2丁目5番13号　株式会社　税務経理協会
郵便番号　161-0033　振替 00190-2-187408　電話(03)3953-3301(編集部)
FAX(03)3565-3391　　(03)3953-3325(営業部)
URL　http://www.zeikei.co.jp/
乱丁・落丁の場合はお取替えいたします。

Ⓒ　井端和男　2010　　　　　　Printed in Japan

本書を無断で複写複製（コピー）することは、著作権法上の例外を除き、禁じられています。本書をコピーされる場合は、事前に日本複写権センター（JRRC）の許諾を受けてください。
JRRC(http://www.jrrc.or.jp　eメール：info@jrrc.or.jp　電話:03-3401-2382)

ISBN978-4-419-05538-7　C2063

近年発覚した上場会社等の粉飾20例を徹底検証！

最近の粉飾
－その実態と発見法－
〔第 3 版〕

公認会計士 井端 和男 著

A5判 328頁 定価2,520円（税込）
ISBN978-4-419-05500-4 C2063

粉飾が後を絶たない‥‥。
　旧版で予想していなかった新しい粉飾もあるし、新しい方向を示唆する粉飾もある。旧版後の粉飾例の分析を追加、総括して、最近の変化にも対応できるように改訂！

近年発覚した黒字倒産と循環取引を徹底検証！

黒字倒産と循環取引
－および粉飾企業の追跡調査－

公認会計士 井端 和男 著

A5判 204頁 定価2,100円（税込）
ISBN978-4-419-05234-8 C2063

　黒字のまま突然倒産する「黒字倒産」が急増している。倒産予知にこれまでの常識が通用しなくなった。粉飾も「循環取引」の巧妙な操作により発見が困難になっている。本書は、「黒字倒産」と「循環取引」の実態を実例を基に究明し対策を探る。

〒161-0033
東京都新宿区下落合2-5-13
株式会社 税務経理協会
URL http://www.zeikei.co.jp
Tel: 03-3953-3325　Fax: 03-3565-3391